BISA!!!

Bahasa Indonesia? Saya Ahlinya!

비사 인도네시아 통·번역 연습 ①

양은심에블린(Evelyn YES, Ph .D)

배움터

비사 인도네시아어 통 · 번역 연습 ①

초판인쇄 2021년 3월 10일
초판발행 2021년 3월 17일

지은이 양은심에블린(Evelyn YES, Ph.D)
펴낸이 김민수
펴낸곳 (도서출판)배움터 / 주소 경기도 파주시 광인사길 143
출판사 등록일 2005년 1월 31일 / 신고번호 제406-40600002510020050000003호
대표전화 (031)955-7990 / 팩스 (031)955-0768

ISBN 978-89-89383-96-3 93790
정가 20,000원

- 본 교재는 2020년 정부(교육부 국립국제교육원) '특수외국어교육진흥사업'의 지원을 받아 수행된 결과입니다. [CFL-한국외-2020-마인-C-3]

SEKAPUR SIRIH

Permulaan hikmat adalah takut akan TUHAN,

dan mengenal Yang Mahakudus adalah pengertian.

(Amsal 9:10).

Buku BISA!!! Seri Interpretasi dan Translasi ini merupakan buku yang berisi bahan kuliah bagi mahasiswa tingkat madya dan atas. Untuk dapat melakukan kegiatan interpretasi, mahasiswa perlu memiliki kemampuan dalam kegiatan translasi. Dan untuk dapat mengerjakan transalsi dengan baik, mahasiswa perlu menguasai bahasa Indonesia dengan baik pula.

Oleh karena itu, selain bahan untuk keperluan pembelajaran interpretasi dan translasi, buku ini juga dilengkapi dengan latihan-latihan untuk meningkatkan kemampuan mahasiswa dalam berbahasa Indonesia. Seperti buku BISA!!! versi Percakapan dan Tata Bahasa, bahan-bahan yang termuat dalam buku ini telah diujicobakan melalui kuliah di Hankuk University of Foreign Studies sejak tahun 2018. Berbagai saran dan masukan yang bermanfaat telah membuat buku ini menjadi lebih lengkap.

Walau masih jauh dari sempurna, diharapkan buku ini bermanfaat bagi mereka yang ingin mendalami bidang penerjemahan, dengan harapan agar nantinya bisa lahir tenaga-tenaga profesional untuk interpretasi dan translasi di berbagai bidang, seperti bidang sastra, pariwisata, dan bisnis hingga penerjemahan media audio, video, bidang yang berhubungan dengan kerjasama diplomatik, dan sebagainya.

Ucapan terima kasih setinggi-tingginya kepada Critical Foreign Languages Education Promotion(CFL) di Hankuk University of Foreign Studies yang telah mendukung penulisan buku ini, kepada Bapak Prof. Kim Jang Gyem yang telah mendorong penulis untuk menyusun buku ini, kepada putri tercinta, Margie Lee Yejin yang telah membuatkan ilustrasi untuk buku ini, seluruh mahasiswa yang mengambil kuliah penulis, kepada semua pihak yang telah memberikan ide, saran, dan masukan yang kritis dan membangun. Juga kepada seluruh anggota keluarga besar penulis cintai, atas dukungan doa dan perkataan yang senantiasa diberikan.

Tak lupa pula terima kasih kepada Penerbit Baeumteo yang telah membantu menerbitkan buku ini. Besar harapan penulis agar buku ini menjadi materi yang bermanfaat terutama untuk pembelajaran interpretasi dan translasi bahasa Indonesia-Korea.

Gwiyeori, 28 Februari 2021.

DAFTAR ISI

UNIT 1 Interpretasi dan Translasi

UNIT 2 Latihan Mingguan

UNIT 3 Lembar Soalan

Tambahan - Kunci Jawaban

Original Lampungese Letter
(Aksara Lampung)

UNIT 1

Interpretasi dan Translasi

Unit 1
Interpretasi dan Translasi

Kegiatan menerjemahkan dapat dibagi menjadi dua yaitu interpretasi dan translasi. Persamaan dari keduanya adalah keduanya merupakan kegiatan mengalihbahasakan dari bahasa sumber(BSu) ke bahasa sasaran(BSa). Perbedaan utama dari keduanya adalah kegiatan interpretasi merupakan kegiatan alihbahasa yang berupa lisan, sementara kegiatan translasi merupakan kegiatan alihbahasa yang berupa tulisan.

Sebenarnya kegiatan menerjemahkan sederhana bisa dilakukan oleh siapa saja yang menguasai dua bahasa yang berbeda. Karena itu tidak jarang kita temukan orang-orang yang bekerja sebagai penerjemah walau mereka tidak pernah mendapatkan pendidikan khusus terkait penerjemahan.

Kalau begitu, mulai kapan manusia melakukan kegiatan penerjemahan? Manusia sebagai makhluk sosial telah menggunakan bahasa untuk berkomunikasi sejak zaman penciptaan. Menurut catatan pada Kitab Suci, manusia pada waktu itu hanya memiliki satu bahasa. Dalam Alkitab, kisah tersebarnya bahasa manusia terkait dengan pembangunan Menara Babel tertulis dalam kitab Kejadian 11:1-9:

1. Adapun seluruh bumi, satu bahasanya dan satu logatnya.
2. Maka berangkatlah mereka ke sebelah timur dan menjumpai

tanah datar di tanah Sinear, lalu menetaplah mereka di sana.

3. Mereka berkata seorang kepada yang lain: "Marilah kita membuat batu bata dan membakarnya baik-baik." Lalu bata itulah dipakai mereka sebagai batu dan tér gala-gala sebagai tanah liat.

4. Juga kata mereka: "Marilah kita dirikan bagi kita sebuah kota dengan sebuah menara yang puncaknya sampai ke langit, dan marilah kita cari nama, supaya kita jangan terserak ke seluruh bumi."

5. Lalu turunlah TUHAN untuk melihat kota dan menara yang didirikan oleh anak-anak manusia itu,

6. dan Ia berfirman: "Mereka ini satu bangsa dengan satu bahasa untuk semuanya. Ini barulah permulaan usaha mereka; mulai dari sekarang apa pun juga yang mereka rencanakan, tidak ada yang tidak akan dapat terlaksana.

7. Baiklah Kita turun dan mengacaubalaukan di sana bahasa mereka, sehingga mereka tidak mengerti lagi bahasa masing-masing."

8. Demikianlah mereka diserakkan TUHAN dari situ ke seluruh bumi, dan mereka berhenti mendirikan kota itu.

9. Itulah sebabnya sampai sekarang nama kota itu disebut Babel, karena di situlah dikacaubalaukan TUHAN bahasa seluruh bumi dan dari situlah mereka diserakkan TUHAN ke seluruh bumi.

Berdasarkan faktor waktu, jarak, dan proses perubahan bahasa, bahasa yang tadinya satu berkembang menjadi beberapa bahasa. Misalnya bahasa Latin. Sewaktu penutur bahasa itu berpisah dan menyebar di penjuru Eropa, oleh mereka bahasa Latin berkembang menjadi bahasa Prancis, Spanyol, Italia, dan Portugis. Jadi sebenarnya bahasa Latin tidak mati – tapi berkembang menjadi bahasa-bahasa modern tadi.

Sama juga dengan bahasa Melayu Kuno yang dipercaya bermula di Riau, Sumatera, kini telah berkembang menjadi bahasa yang digunakan di Indonesia, Malaysia, Brunei Darussalam dan di beberapa daerah di negara Asia Tenggara lainnya.

Dalam perkembangannya, ada beberapa bahasa yang mengalami perkembangan pesat sehingga bentuknya menjadi sama sekali berbeda dengan bentuk aslinya. Salah satu contohnya adalah dialek Jermanik yang berkembang menjadi bahasa Inggris, yang diduga bermula pada abad 5 ketika suku-suku Jermanik yang paling kuat (Angli, Sachsen, dan Yuti) meninggalkan tanah air mereka di Eropa dan menguasai wilayah Inggris. Dalam perkembangannya, kita dapat melihat perbedaan nyata yang terlihat dalam bahasa Jerman modern dan Inggris modern.

Perubahan bahasa yang demikian membuat manusia harus melakukan kegiatan penerjemahan agar dapat mengerti satu sama lain. Perkembangan dan penyebaran budaya, ilmu, teknologi, agama, seni, dan sebagainya merupakan alasan-alasan utama mengapa penerjemahan harus dilakukan oleh manusia. Misalkan saja saya hanya dapat berbahasa Indonesia. Maka saya hanya akan dapat memperoleh ilmu atau informasi dari orang, buku, atau media lainnya yang menggunakan bahasa Indonesia saja. Padahal masih banyak ilmu atau informasi yang bisa saya dapatkan dari media berbahasa asing lainnya.

Dalam ilmu penerjemahan, ada beberapa pakar yang patut kita kenal namanya. Di antaranya adalah Eugene Nida, Charles Taber, J.C. Catford, Willie Koen dan H.G. de Maar. Rangkuman dari teori penerjemahan yang mereka perkenalkan adalah sebagai berikut:

1. Menerjemahkan berarti kegiatan memproduksi kembali dari BSu ke BSa sedekat mungkin dan sewajar mungkin. Pesan yang ingin disampaikan harus sepadan terkait dengan makna dan gaya bahasanya.
2. Dalam melakukan kegiatan penerjemahan, penerjemah harus setia pada teks aslinya dan tidak menambahkan ataupun mengurangi isinya.
3. Penerjemah harus mampu menyampaikan isi dalam BSa sebaik mungkin agar hasil terjemahannya tidak terbaca ataupun terdengar sebagai terjemahan.

Kini kita telah mengetahui bahwa 'penerjemahan' itu terbagi menjadi translasi dan interpretasi. Dan juga telah memahami bahwa kemampuan translasi adalah kemampuan dasar yang harus dimiliki oleh seorang penerjemah. Kemampuan interpretasi tidak mungkin dapat diperoleh tanpa disertai dengan kemampuan translasi.

Kalau begitu, apa saja yang harus diperhatikan saat melakukan kita melakukan kegiatan translasi?

Yang pertama, kita harus menguasai dua bahasa dengan baik. Dua bahasa yang dimaksud di sini adalah bahasa ibu dan bahasa asing. Perhatikanlah dengan baik, apakah bahasa ibu yang Anda gunakan sehari-hari itu sudah cukup luwes dan bersahaja. Apakah Anda telah menguasai tata bahasanya dan memiliki kosa kata yang cukup? Bagaimana dengan kemampuan Anda menulis? Apakah Anda cukup cakap dalam membuat tulisan? Apakah orang lain yang membaca tulisan Anda dapat memahaminya dengan baik?

Jika Anda telah memilih untuk belajar bahasa Indonesia sebagai bahasa asing, maka Anda perlu mengetahui sampai sejauh mana Anda menguasainya. Sehingga saat Anda harus mengerjakan translasi, Anda bisa mengetahui apakah Anda sanggup atau tidak sanggup melakukannya. Selain itu, dengan memiliki kemampuan berbahasa yang baik, maka Anda akan dapat menilai apakah bahasa dalam teks sumber(TSu) dapat dialihbahasakan atau tidak. Karena jika bahasa di dalam TSu itu kacau atau kurang jelas, maka tentu saja akan sulit untuk diterjemahkan.

Perhatikan juga, bahwa dalam menerjemahkan, terkadang kita tidak hanya menerjemahkan kata per kata, tetapi harus menerjemahkan arti atau makna yang terkandung di dalamnya. Terutama yang terkait dengan budaya ataupun sejarah, misalnya 'keris' ataupun 'Gajah Mada', atau pepatah seperti 'ada asap, ada api' atau 'tong kosong, nyaring bunyinya' tentunya harus dilengkapi dengan penjelasan, agar pembaca teks sasaran(TSa) dapat memahaminya.

Kedua, penerjemah harus memiliki daya konsentrasi, kesabaran, dan ketekunan yang tinggi. Apalagi jika teks yang harus diterjemahkan jumlahnya berlembar-lembar. Penerjemah harus mampu merencanakan bagaimana ia akan menyelesaikan penerjemahan itu. Sehingga ia mampu menyelesaikannya tepat pada waktunya. Betapa senangnya jika kita selalu dapat mengerjakan translasi dalam suasana tenang dan nyaman. Tetapi kehidupan kita bukan hanya melulu diisi dengan translasi saja. Kita juga melakukan berbagai kegiatan lain dalam kehidupan kita. Jika saatnya tiba bagi kita untuk melakukan translasi, kita harus dapat dengan cepat berkonsentrasi dalam melakukannya.

Karena TSu itu merupakan hasil karya orang lain, penerjemah harus dengan tekun dan sabar meneliti apa yang ingin disampaikan oleh penulisnya. Ingat, bahwa fungsi seorang penerjemah adalah seperti kacamata yang membantu pembaca TSa memahami dengan baik TSu. Kacamata berbeda dengan topeng. Kacamata harus bersih dan sesuai dengan daya penglihatan pemakainya. Kalau tidak, pemakai kacamata lebih baik tidak menggunakan kacamata tersebut. Demikianlah, hasil terjemahan haruslah sesuai dengan TSu, tidak ada yang ditambahkan atau dikurangi oleh penerjemah, entah itu disengaja ataupun tidak disengaja.

Ada kalanya TSu berupa laporan yang berisi tabel-tabel atau grafik-grafik. Atau malah hanya berisi beberapa gambar dengan penjelasan yang sangat minim. Ada juga teks yang sewaktu diterjemahkan harus diketahui dulu latar belakangnya, sehingga penerjemah harus mencari banyak data pendukung. Seorang penerjemah baik tentunya tidak akan keberatan untuk meluangkan waktu mencari informasi yang diperlukan agar dapat menerjemahkan pesan yang hendak disampaikan melalui teks tersebut.

Bagaimana jika ingin menjadi seorang interpreter yang baik? Apa kriteria yang patut kita kembangkan? Selain dari dua yang telah dibahas sebelumnya, ada dua hal utama yang patut diperhatikan.

Yang pertama, memiliki suara yang baik dan mampu mengontrol suara tersebut. Siapapun dapat memiliki suara yang baik asal tekun berlatih dan menata suaranya. Mengontrol suara berarti dapat mengatur volume suara. Tidak terlalu kecil sehingga tidak terdengar, dan juga tidak terlalu besar sehingga menyakitkan telinga. Mengontrol suara juga berarti memiliki pelafalan yang baik, sehingga pendengar dapat langsung mengerti apa yang diucapkan oleh interpreter.

Yang kedua, memiliki daya ingat yang baik dan cerdas. Daya ingat diperlukan untuk interpretasi konsekutif apalagi untuk interpretasi simultan. Karena ada saatnya interpreter harus menerjemahkan secara langsung dan segera tanpa sempat mencatat ataupun mempelajari dulu apa yang akan diterjemahkannya.

Dalam interpretasi konsekutif, interpreter harus mendengarkan dulu pembicara berbicara sampai selesai. Setelah selesai, interpreter menerjemahkan isi pembicaraan kepada pendengar. Demikian proses interpretasi berjalan secara bergantian.

Dalam interpretasi simultan, interpreter tidak menunggu sampai pembicara selesai berbicara. Proses interpretasi dilakukan secara bersamaan dengan pembicara. Jelas interpretasi jenis ini menuntut keahlian dan keterampilan yang tinggi.

Salah satu jenis lain dari interpretasi adalah interpretasi berbisik atau *whispering*. Dalam proses interpretasi, interpreter membisikkan hasil terjemahannya kepada pendengar. Proses interpretasinya terkadang sangat bermiripan dengan interpretasi simultan. Hanya saja, dalam interpretasi berbisik, tidak digunakan alat interpretasi seperti dalam interpretasi simultan.

Pada bagian-bagian selanjutnya telah disediakan berbagai topik dan bahan yang diperlukan untuk berlatih translasi dan interpretasi untuk bahasa Indonesia dan bahasa Korea. Melalui latihan-latihan berikut, Anda akan dapat mengetahui lebih cermat, apa saja yang harus diperhatikan ataupun dihindari untuk dapat menjadi seorang penerjemah yang baik.

UNIT 2

Latihan Mingguan Evaluasi Kecakapan Bahasa Indonesia

Unit 2

Latihan Mingguan

Evaluasi Kecakapan Bahasa Indonesia

1. Latihan Minggu Pertama (20 Soal)

Pilihlah satu jawaban yang paling sesuai dari 4 jawaban yang tersedia!

Soal 1

Halo, Listra. Bagaimana kabarmu?

1. Kemarin pamanku datang dari desa.
2. Baik. Saya sangat puas dengan hasilnya.
3. Oh, saya baik-baik saja. Bagaimana dengan kamu?
4. Kabar penting. Katanya hari ini hujan turun deras sekali.

Soal 2

Kenalkan. Nama saya Tomi.

1. Senang sekali berjumpa dengan Anda, Mas Tomi.
2. Tomi bukan nama saya.
3. Saya tidak kenal dengan Tomi.
4. Saya akan berkenalan dengan Tomi. Saya Yosua.

Soal 3

Anda datang dari mana?

1. Anda baru saja pergi ke ruang tamu.
2. Dana itu dari PT Citra Mandiri Sakti, Bu.
3. Lusa. Sudah dua hari saya di sini.
4. Sama seperti Ibu. Saya orang Semarang.

Soal 4

Di mana alamat Anda?

1. Saya tinggal di Pondok Indah, Jakarta Selatan.
2. Awan gelap, alamat hujan.
3. Ini alamat surel saya. linda_tanoyo@gmail.com.
4. Kalau pakai alamat ini, akan cepat sampai.

Soal 5

Kapan hari ulang tahunmu, Wati?

1. Hari ulang tahunku akan dirayakan meriah kali ini.
2. Aku lahir di Rumah Sakit Harapan Bersama.
3. Ibu melahirkanku di rumah.
4. Hari jadiku tanggal 5 Mei 2000.

Soal 6

Kenapa kamu datang terlambat?

1. Saya datang bersama teman-teman saya.
2. Kalian selalu datang terlambat.
3. Jalanan macet sekali hari ini.
4. Saya tidak pernah bangun kesiangan.

Soal 7

Apakah Anda mahasiswi di kampus ini?

1. Ya. Saya adalah senior Anda.
2. Bukan. Saya adik kelas Anda.
3. Sudah lama saya bekerja sebagai dosen.
4. Saya karyawan bidang administrasi.

Soal 8

Maaf, Kak. Saya duluan. Sebentar lagi saya ada kuliah.

1. Kuliah saya sebentar saja.
2. Sebentar. Saya ada kuliah sekarang.
3. Tidak apa-apa. Dulu saya kuliah di sini.
4. Silakan. Sampai bertemu di orientasi jurusan, ya.

Soal 9

Bagaimana minggu pertamamu di semester ini, Sora?

1. Menarik sekali. Saya akan masuk kerja mulai besok.
2. Mendebarkan. Saya memang selalu gugup sebelum ikut ujian.
3. Amat menyenangkan. Saya tidak sabar bertemu dengan teman-teman baru.
4. Terlalu mencemaskan. Saya tidak bisa menunggu lebih lama.

Soal 10

Saya mau makan siang sekarang. Mau ikut?

1. Tadi pagi saya sarapan agak telat. Terima kasih sudah mengajak.
2. Tadi Wati makan siang dengan Dodi. Silakan pergi sendiri.
3. Minggu lalu saya makan siang bersama teman-teman saya.
4. Anda harus makan siang secepatnya. Sekarang sudah sore.

Soal 11

Jangan lupa, hari ini ada ujian jam setengah sembilan pagi.

1. Baik. Saya akan belajar untuk ujian itu malam ini.
2. Oh, iya! Hampir saja saya terlambat makan.
3. Saya dengar ujian itu belum mulai.
4. Jelas saya ingat! Semoga soal-soal yang keluar tidak sulit.

Soal 12

Saya senang bisa bertemu dengan Ibu.

1. Saya tidak yakin Anda senang kepada saya.
2. Saya setuju bahwa Anda senang kepada saya.
3. Saya kurang percaya Anda senang kepada saya.
4. Sayalah yang lebih senang bisa bertemu dengan Anda.

Soal 13

Mengapa Sundari pergi duluan?

1. Katanya dia harus pergi ke dokter hari ini.
2. Dulu dia pergi ke Jakarta.
3. Sedari dulu dia suka bepergian.
4. Dia pergi lebih dulu daripada kita.

Soal 14

Siapa nama anak itu tadi?

1. Tadi anak itu menanyakan namamu.
2. Arjuno Wibawa. Panggilannya Juno.
3. Anak anjing itu bernama Ripi.
4. Dia anak Sutardi.

Soal 15

Tolong buka jendela itu. Panas sekali di sini!

1. Bagaimana kalau kita menyalakan pemanas ruangan?
2. Bagaimana kalau kita menyalakan pendingin ruangan?
3. Bagaimana kalau kita menyalakan pengering ruangan?
4. Bagaimana kalau kita menyalakan penerang ruangan?

Soal 16

Saya gemar makan ayam goreng.

1. Biasanya saya makan ayam goreng dengan nasi.
2. Saya malas menggoreng ayam untuk makan pagi.
3. Ayam goreng hari ini mahal sekali.
4. Saya memelihara ayam di belakang rumah.

Soal 17

Anak-anak Bapak manis sekali. Usianya berapa?

1. Saya minta teh tanpa gula. Saya tidak suka manis-manis.
2. Saya suka pada anak-anak yang manis.
3. Yang sulung baru masuk SD. Yang bungsu baru 5 bulan.
4. Biasanya anak seumuran itu suka main boneka.

Soal 18

Berapa umur nenek Anda sekarang?

1. Saya rasa umurnya setara dengan nenek Anda.
2. Usianya sekitar 20-an.
3. Kakek berumur 90 tahun ini.
4. Dia kelahiran 90-an.

Soal 19

Berapa lama dari Seoul ke Jakarta?

1. Makan waktu sekitar 7 jam dengan pesawat.
2. Dari Seoul ke Jakarta kita akan naik pesawat.
3. Pesawat dari Seoul ke Jakarta akan segera berangkat.
4. Saya sering bepergian dari Seoul ke Jakarta.

Soal 20

Apa warna kesukaanmu?

1. Saya paling suka pada abu.
2. Kelabu favorit saya.
3. Saya suka bunga warna-warni.
4. Warna dalam gambar itu agak kusam.

2. Latihan Minggu Kedua (10 Soal)

Pilihlah satu jawaban yang paling sesuai dari 4 jawaban yang tersedia!

Soal 1

Pria : Lusi. Sudah lama tidak bertemu. Bagaimana kabarmu?

Wanita: Hei, Indra! Baik. Wah, kamu sudah jadi orang kaya, ya? Ini mobilmu?

Apa maksud si wanita?

1. Si pria tidak bertemu dengan orang kaya.
2. Mobil si pria kelihatan mewah.
3. Lusi sudah lama ingin bertemu dengan Indra.
4. Indra hendak menjual mobilnya pada Lusi.

Soal 2

Wanita : Bisa saya lihat paspor Anda?

Pria : Silakan. Kalau bisa saya ingin duduk di dekat jendela.

Di mana percakapan ini berlangsung?

1. Bioskop
2. Restoran
3. Hotel
4. Bandar Udara

Soal 3

Pria : Kapan saya bisa mengambil pas foto saya?

Wanita: Karena besok hari libur nasional, Bapak bisa ambil lusa pagi.

Kapan si pria bisa mengambil pas fotonya?

1. Besok
2. Dua hari lalu
3. Dua hari lagi.
4. Kemarin dulu

Soal 4

Wanita: Silakan duduk di sini, Pak. Mau pesan apa?

Pria : Saya pertama kali datang ke daerah ini. Apa yang paling enak di restoran ini?

Apa jawaban yang sesuai untuk menjawab pertanyaan pria?

1. Selamat datang di restoran kami.
2. Saya mau pesan makanan yang paling enak di sini.
3. Apakah Bapak suka makanan pedas? Bagaimana kalau opor ayam?
4. Semua makanan di daerah ini sangat enak.

Soal 5

Pria : Bagaimana cara minum obat ini?

Wanita: Gampang, Pak. Siapkan dulu segelas air hangat, lalu masukkan bubuk obat ini ke dalamnya. Larutkan dan minum sekaligus.

Apa situasi dalam percakapan tersebut?

1. Si laki-laki sedang dalam perjalanan ke rumah sakit.
2. Si wanita adalah seorang apoteker.
3. Obat itu harus tidak boleh diminum dengan air dingin.
4. Penjelasan wanita tentang obat itu cukup menarik.

Soal 6

Wanita: Siapa tamu yang datang tadi, Kak?

Pria : Oh, tukang kulkas. Rupanya Ibu memanggil untuk mereparasi kulkas kita hari ini.

Apa pernyataan yang benar untuk percakapan tersebut?

1. Dua orang kakak beradik akan memanggil tukang.
2. Tukang kulkas adalah kakak dari si wanita.
3. Ibu menyuruh tukang kulkas datang hari ini.
4. Tamu tadi adalah ibu tukang kulkas.

Soal 7

Pria : Sari. Apa saja kegiatanmu selama liburan ini?

Wanita: Biasa saja, Roni. Saya membantu orang tua saya di kebun. Tahun ini kami menanam tomat dan cabe.

Apa reaksi Roni yang paling sesuai?

1. Luar biasa. Saya berkebun liburan ini.
2. Pasti orang tuamu merasa sangat senang kau bantu.
3. Tahun ini tomat dan cabe tidak dipanen.
4. Sari memang suka membantu orang tua saya.

Soal 8

Wanita: Kak Gusti. Bisa tolong Dinda? Dinda tidak mengerti soal ini.

Pria : Yang mana, Dinda? Oh, ini mudah, kok. Lihat kamu tinggal mencari angka yang lebih besar dari dua angka ini. Nah, ini ada angka 60 dan angka 58.

Mata pelajaran apa yang sedang dibahas oleh kakak beradik itu?

1. Bahasa Indonesia
2. Geografi
3. Kimia
4. Matematika

Soal 9

Pria : Maaf, Bu Lisa. Sekarang Pak Riyanto sedang tidak di tempat.

Wanita: Begitu, ya. Kalau begitu, tolong sampaikan bahwa saya belum menerima surat yang Pak Riyanto kirim minggu lalu. Dan juga tolong sampaikan saya menunggu telepon dari beliau secepatnya.

Dari pernyataan berikut, mana yang <u>bukan</u> merupakan maksud dari perkataan Lisa?

1. Lisa belum menerima surat dari Pak Riyanto.
2. Lisa akan menelepon Pak Riyanto secepatnya.
3. Pak Riyanto diminta untuk menelepon Lisa secepatnya.
4. Pak Riyanto mengirim surat kepada Lisa minggu lalu.

Soal 10

Wanita: Bagaimana keadaan anak saya, Dok?

Pria : Demamnya cukup tinggi, Bu. Tapi jangan khawatir. Anak kecil biasanya sering sakit panas seperti ini. Saya akan beri obat penurun panas untuk tiga hari. Berikan kepada anak ibu tiga kali sehari. Kalau tetap demam, Ibu harus membawanya lagi ke sini.

Apa informasi yang <u>tidak sesuai</u> dengan penjelasan Dokter dalam percakapan di atas?

1. Ibu itu harus membawa anaknya ke rumah sakit tiga hari lagi.
2. Dokter memberi obat penurun panas untuk anak itu.
3. Anak itu harus minum obat tiga kali sehari.
4. Ibu tidak perlu khawatir karena anak kecil sering terkena demam.

3. Latihan Minggu Ketiga (10 Soal)

Pilihlah satu jawaban yang paling sesuai dari 4 jawaban yang tersedia!

Soal 1

Kesenian ketoprak merupakan seni pertunjukan tradisional rakyat Jawa. Kesenian ketoprak biasanya diiringi alat musik gamelan. Kesenian ketoprak sekarang jarang dipentaskan. Agar dapat lestari, anak-anak perlu diajarkan kesenian ini.

Yang <u>bukan</u> merupakan arti kata 'lestari' dalam paragraf di atas adalah...

1. berubah
2. bertahan
3. kekal
4. tetap seperti semula

Soal 2

Indonesia memiliki ragam bahasa daerah. Dari Sabang sampai Merauke ada ragam bahasa yang berbeda-beda. Keragaman itu kadang-kadang menjadi kendala dalam berinteraksi. Oleh karena itu, Bahasa Indonesia berfungsi sebagai pemersatu bagi bangsa Indonesia.

Mana kalimat yang <u>tidak sesuai</u> dengan penjelasan di atas?

1. Di Indonesia ada sejumlah bahasa daerah.
2. Karena bahasa yang saling berbeda, orang Indonesia kadang-kadang tidak dapat berkomunikasi.
3. Kendala utama bagi orang di Indonesia untuk berinteraksi karena ada bahasa pemersatu.
4. Fungsi Bahasa Indonesia adalah agar orang Indonesia dapat saling berinteraksi.

Soal 3

Ada beberapa penyebab kemacetan di Yogyakarta. Salah satunya jumlah kendaraan yang semakin banyak padahal ruas jalan tetap sama. Faktor lain adalah banyaknya kendaraan wisatawan dari berbagai wilayah. Selain itu, becak yang banyak diparkir di pinggir-pinggir jalan juga merupakan salah satu alasannya.

Isi paragraf di atas adalah....

1. Becak sebaiknya jangan diparkir di pinggir jalan.
2. Alasan mengapa jalan di Yogyakarta macet.
3. Jumlah kendaraan semakin banyak padahal ruas jalan tetap sama.
4. Banyak kendaraan wisatawan dari berbagai daerah.

Soal 4

Akhir-akhir ini prestasi siswa semakin menurun. Penyebab utama dari hal tersebut adalah kecanduan game online. Banyak anak malas membaca buku pelajaran dan lebih memilih untuk bermain menggunakan komputer atau ponsel. Untuk mengatasi masalah ini guru, orang tua, dan masyarakat harus bekerja sama dalam mendidik anak-anak.

Pernyataan yang sesuai dengan paragraf di atas adalah...

1. Jika anak-anak dilarang bermain game online, masalah tidak akan tuntas.
2. Anak-anak enggan menggunakan komputer dan ponsel untuk bermain.
3. Perhatian guru, orang tua, dan masyarakat tidak terlalu penting.
4. Kerjasama dari semua pihak diperlukan untuk mengatasi penurunan prestasi akademik siswa.

Soal 5

Tanaman lidah buaya atau aloevera memiliki banyak manfaat dan khasiat. Manfaat lidah buaya diantaranya adalah menyuburkan rambut, menghilangkan ketombe, menyembuhkan luka, dan menghilangkan jerawat. Lidah buaya juga berkhasiat untuk meningkatkan kekebalan tubuh. Selain itu, lidah buaya juga mengandung zat-zat yang berfungsi sebagai antioksidan.

Mana pernyataan yang <u>**kurang sesuai**</u> dengan paragraf di atas?

1. Buaya hampir punah karena orang banyak menggunakan lidah buaya.
2. Nama lain dari lidah buaya adalah aloevera.
3. Lidah buaya berguna untuk mengatasi rambut berketombe.
4. Tanaman lidah buaya membantu daya kekebalan tubuh.

Soal 6

Teks 1

Batik Yogyakarta mempunyai ciri khas tersendiri. Walaupun mengalami perkembangan dari waktu ke waktu, namun ciri khas tersebut tetap dipertahankan. Nilai itulah yang disukai oleh peminat batik.

Teks 2

Bakpia Patuk adalah makanan khas tradisional dari Kampung Patuk, Yogyakarta. Bakpia Patuk berbentuk bulat pipih. Isi bakpia Patuk beraneka rasa. Ada kacang hijau, coklat, keju, dan ubi. Industri bakpia Patuk mampu mengangkat perekonomian warga.

Persamaan isi dari kedua teks di atas adalah...

1. Watak
2. Tokoh
3. Tempat
4. Aktivitas

Di sebuah hutan, hiduplah dua ekor burung. Mereka bernama Si Jalak dan Si Pipit. Si Jalak memiliki bulu yang sangat indah dan suaranya sangat merdu. Namun herannya, dia tidak pernah bermain dengan burung-burung lain. Walaupun tidak secantik Si Jalak, Si Pipit bersifat ramah sehingga burung-burung lain senang berteman dengannya. Karena merasa kasihan, Si Pipit berkata kepada Si Jalak, "Selamat pagi, Jalak. Ayo kita terbang mengelilingi hutan ini bersama!'. Tetapi Si Jalak menjawab dengan sinis, "Tak perlu sok baik hati padaku. Aku tahu kamu iri padaku. Lihat, bulu-buluku sangat indah. Kalau aku terbang di hutan, salah-salah aku ditembak oleh pemburu!'.

Soal 7

Menurut cerita di atas, mengapa Si Jalak tidak mau diajak Si Pipit terbang di hutan?

1. Karena Si Jalak ingin mempunyai banyak teman.
2. Karena Si Pipit iri dan cemburu pada Si Jalak.
3. Karena Si Pipit tidak pernah baik hati padanya.
4. Karena Si Jalak merasa akan menjadi sasaran pemburu

Soal 8

Bagaimana watak Si Jalak dan Si Pipit berdasarkan cerita di atas?

1. Si Pipit ramah dan perhatian, sementara Si Jalak bersifat sinis.
2. Si Jalak dan Si Pipit tinggal di sebuah hutan.
3. Si Pipit mempunyai bulu yang indah dan Si Jalak mempunyai suara yang indah.
4. Si Pipit ingin berteman dengan Si Jalak, tetapi Si Jalak menolaknya.

Samudera adalah seorang mahasiswa yang gemar menabung. Setiap bulan, ia selalu menyisihkan uang sakunya untuk ditabung. Ia berharap suatu hari tabungannya akan cukup untuk membeli laptop baru idamannya.

Suatu hari, ia mendengar bahwa sahabatnya Guntur sakit keras dan dirawat di rumah sakit. Ternyata Guntur terkena leukimia. Ia juga mendengar bahwa orang tua Guntur mulai kebingungan tentang biaya pengobatan anak mereka. Maklum, keluarga Guntur bukan keluarga berada.

Banyak pikiran melintas di dalam kepala Samudera. "Apa yang sebaiknya aku lakukan? Guntur sangat membutuhkan pengobatan, tapi tabunganku sudah hampir cukup untuk membeli laptop idamanku. Ah... bagaimana, ya? Baiklah. Begini saja. Nyawa temanku lebih berharga daripada laptop itu sekarang."

Soal 9

Apa yang kira-kira terjadi selanjutnya?

1. Samudera dan Guntur menjadi sahabat kental.
2. Samudera menunjukkan kesetiakawanan dengan segera membeli laptop baru.
3. Guntur tidak mendapatkan pengobatan karena orang tuanya tidak mampu.
4. Samudera mengurungkan niatnya membeli laptop idamannya.

Soal 10

Amanat dalam cerita tersebut adalah...

1. Sering beramal akan lebih mengentalkan persahabatan.
2. Relakanlah tabungan untuk membantu sahabat.
3. Persahabatan akan terbukti jika kita membantu dengan uang.
4. Bantulah sesama yang membutuhkan.

4. Latihan Minggu Keempat (10 Soal)

Pilihlah satu jawaban yang paling sesuai dari 4 jawaban yang tersedia!

Rumah Diro dan Wisnu berdampingan. Mereka selalu berdua ke mana pun hampir setiap hari. Usia mereka hanya selisih satu bulan. Banyak orang yang mengira mereka adalah anak kembar. Wajah mereka memang mirip. Rambut mereka juga sama-sama ikal. Sekarang Diro dan Wisnu duduk di bangku kelas enam SD.

Soal 1

Apa kalimat yang sesuai dengan cerita di atas?

1. Diro dan Wisnu suka duduk berdampingan.
2. Diro dan Wisnu suka berselisih.
3. Diro dan Wisnu mempunyai banyak persamaan.
4. Dino dan Wisnu sering duduk di bangku kelas enam SD.

Soal 2

Apa persamaan yang <u>tidak</u> disebutkan dalam cerita di atas?

1. Rumah
2. Wajah
3. Rambut
4. Usia

Soal 3

(1) Matahari terbit di ufuk timur.

(2) Suasana pagi di desaku sangat indah.

(3) Langit biru bersih, tanpa segumpal awanpun.

(4) Burung-burung berkicau merdu di alam bebas.

Susunlah kalimat acak di atas agar menjadi paragraf yang baik!

1. 2 - 1 - 3 - 4
2. 4 - 3 - 2 - 1
3. 3 - 4 - 2 - 1
4. 1 - 2 - 3 - 4

Soal 4

Widhi kalah dalam pertandingan bulu tangkis. Tetapi ia tidak mau mengakui keunggulan lawannya. Ia mengatakan bahwa kekalahannya adalah karena raket yang dipakainya jelek dan wasit yang tidak adil.

Peribahasa yang sesuai dengan cerita di atas adalah...

1. Air beriak tanda tak dalam.
2. Buruk muka cermin dibelah.
3. Tong kosong nyaring bunyinya.
4. Ada asap, ada api.

Soal 5

Pohon itu kelihatan <u>pendek</u>.

Antonim kata 'pendek' dalam kalimat tersebut adalah...

1. Besar
2. Panjang
3. Rimbun
4. Tinggi

Soal 6

Dian suka berderma. Dia adalah orang yang...

Apa jawaban untuk mengisi bagian kosong dalam kalimat di atas?

1. Teguh hati
2. Lurus hati
3. Murah hati
4. Besar hati

Soal 7

Beberapa sekolah di kota memiliki lapangan olahraga yang <u>sempit</u>.

Lawan kata dari kata 'sempit' dalam kalimat di atas adalah...

1. Besar
2. Longgar
3. Luas
4. Lebar

Soal 8

Perhatikan iklan berikut!

Berani terima tantangan sabun pencuci ini? Tunggu saya di kotamu!

Apa pesan yang hendak disampaikan melalui iklan di atas?

1. Hanya dengan sabun pencuci ini, noda segera hilang.
2. Promosi sabun pencuci akan segera diadakan di kota Anda.
3. Orang-orang suka memakai sabun pencuci ini.
4. Sabun pencuci ini memberi tantangan kepada kota-kota.

Dewi Purnama adalah seorang putri raja yang cantik jelita. Ia mempunyai seekor anjing piaraan bernama Si Putih. Suatu hari, Dewi Purnama jatuh sakit. Menurut tabib kerajaan, Dewi Purnama dapat sembuh jika mendengar nyanyian Kutilang yang tinggal di Hutan Jati.

Mendengar hal itu, keesokan harinya pagi-pagi sekali Si Putih pergi mencari Kutilang di Hutan Jati. Setelah bertemu dengan Kutilang, Si Putih menceritakan penyakit Dewi Purnama. Dan dengan menangis, ia meminta Kutilang untuk membantunya menyembuhkan penyakit Dewi Purnama.

Kutilang terharu dan segera ikut dengan Si Putih. Sesampainya di istana, Kutilang menyanyi merdu. Dewi Purnama terbangun mendengar suara itu. Ia merasa semakin baik. Si Putih sangat gembira melihatnya sembuh.

Soal 9

Berikut adalah pernyataan yang sesuai dengan cerita di atas, kecuali...

1. Dewi Purnama suka menyanyi dengan suara merdu.
2. Kutilang yang tinggal di Hutan Jati bersuara merdu.
3. Si Putih pergi dini hari untuk mencari Kutilang.
4. Kutilang merasa terharu melihat Si Putih bersedih.

Soal 10

Mana penggambaran watak yang cocok menurut cerita tersebut?

1. Dewi Purnama sakit-sakitan.
2. Si Putih bersifat setia kawan.
3. Kutilang tinggal di Hutan Jati.
4. Tabib istana pandai menyembuhkan orang.

5. Latihan Minggu Kelima (10 Soal)

Pilihlah satu jawaban yang paling sesuai dari 4 jawaban yang tersedia!

Pertandingan sepakbola antara PSS(Perserikatan Sepakbola Sleman) melawan Persebaya(Persatuan Sepakbola Surabaya) berakhir dengan kemenangan Persebaya. Suasana pertandingan berlangsung sangat meriah. Para suporter membanjiri Stadion Maguwoharjo sebelum pertandingan dimulai. Mereka saling menjaga diri untuk tidak membuat keributan sampai pertandingan usai.

Soal 1

Makna kata *suporter* dalam paragraf di atas adalah...

1. Penonton
2. Pendukung
3. Peminat
4. Pemirsa

Soal 2

Kalimat yang sesuai dengan paragraf di atas adalah...

1. Pertandingan sepakbola antara PSS dan Persebaya belum usai.
2. Pertandingan sepakbola antara PSS dan Persebaya diakhiri dengan banjir.
3. Pertandingan sepakbola antara PSS dan Persebaya berlangsung dengan tertib.
4. Para suporter yang datang di Stadion Maguwoharjo turut bertanding dengan saling menjaga diri.

Bertani jagung dimulai dengan menanam bijinya. Setelah tiga sampai empat hari, bakal tanaman akan muncul di permukaan tanah. Petani dapat memanen jagung setelah tanaman berusia tiga setengah bulan. Itulah tahapan dalam menanam jagung.

Soal 3

Ide pokok paragraf tersebut adalah...

1. Pengalaman bertani jagung
2. Awal bertani jagung
3. Tahapan bertani jagung
4. Usia tanaman jagung

Soal 4

Berikut ini adalah penjelasan yang sesuai dengan paragraf di atas, kecuali...

1. Petani jagung harus menunggu kira-kira tiga hari sampai biji jagung bertunas.
2. Tahapan pertama dalam bertani jagung adalah menanam biji jagung.
3. Jagung biasanya dapat dipanen setelah lewat tiga setengah bulan.
4. Orang yang menanam jagung biasanya muncul di permukaan tanah.

Soal 5

Air limbah yang berasal dari industri tekstil sangat berbahaya. Air itu mengandung zat beracun. Zat tersebut dapat mengganggu kesehatan manusia.

Makna kata limbah pada paragraf tersebut adalah...

1. sesuatu yang tidak bisa dipakai
2. sisa proses produksi
3. sisa bahan baku produksi
4. bahan pilihan pabrik

Soal 6

Dian memang ..., dia suka bersedekah.

Ungkapan yang tepat untuk melengkapi kalimat di atas adalah...

1. besar hati
2. lurus hati
3. murah hati
4. teguh hati

Soal 7

Rektor Universitas Semanggi <u>tanda tangan</u> prasasti peletakan batu pertama gedung baru.

Penggunaan imbuhan pada kata tanda tangan yang tepat adalah...

1. mentandatangani
2. mentanda tangani
3. menanda tangani
4. menandatangani

Soal 8

> Teks 1
> Zaki gemar memancing. Hampir setiap hari libur, ia memancing di sungai. Biasanya ia mendapatkan beberapa ekor ikan, kemudian ibunya menggoreng ikan-ikan itu untuk lauk.
>
> Teks 2
> Rehan pergi ke sebuah danau pada hari Senin. Ia sering memancing di sana. Ia mendapatkan banyak ikan. Biasanya ia membawa ikan yang diperolehnya dan melepaskannya di kolam miliknya.

Persamaan kedua teks di atas adalah ... kegiatan.

1. Jenis
2. Waktu
3. Lokasi
4. Tokoh

Soal 9

Air sungai menjadi <u>keruh</u> karena banjir.

Antonim dari kata keruh dalam kalimat di atas adalah...

1. Suci
2. Bersih
3. Putih
4. Jernih

Soal 10

Lusi <u>pandai</u> berbicara dalam bahasa Korea.

Berikut adalah sinonim dari kata pandai dalam kalimat di atas <u>kecuali</u>...

1. Licik
2. Mahir
3. Fasih
4. Cakap

UNIT 3

Lembar Soalan Evaluasi Kecakapan Berbahasa Indonesia

Unit 3

Lembar Soalan

Evaluasi Kecakapan Berbahasa Indonesia

(EKBI)

(음원 듣기 링크)
[듣기 평가 문제]

Soal Ujian Kemahiran Bahasa Indonesia
(Lembar Soalan)

Jurusan Interpretasi dan Penerjemahan Bahasa Indonesia
Hankuk University of Foreign Studies
Ujian Kemampuan Mendengar

Bagian ini adalah untuk menguji kemampuan Anda memahami percakapan dalam bahasa Indonesia. Bagian ini terdiri dari tujuh bagian. Kita akan memulai dengan bagian pertama.

Bagian I

[1-10] Menyimak soal dan jawaban

Pada bagian ini Anda akan mendengar pertanyaan atau pernyataan. Kemudian Anda akan mendengar tiga jawaban sebagai tanggapan pertanyaan atau pernyataan tersebut. Pilihlah jawaban yang paling sesuai untuk pertanyaan atau pernyataan itu. Dengarkan dengan baik karena soal dan jawaban hanya akan dibacakan satu kali. Perhatikanlah bahwa soal dan jawaban tidak tertulis dalam lembar jawaban Anda.

Contoh, Anda akan mendengar:

Anda berasal dari mana?

① Saya bangun kesiangan.

② Saya dari Surabaya.

③ Saya merasa senang.

Jawaban yang paling sesuai adalah ②. "Saya dari Surabaya". Karena itu, Anda harus memilih ②. Sekarang kita mulai Bagian I dengan soal nomor 1.

[1–10] Tanya Jawab

Berikut ini adalah soal nomor 1 sampai 10. Dengarkan pertanyaan atau pernyataan yang diberikan. Kemudian dengarkan tiga kemungkinan jawaban. Setelah itu pilihlah satu jawaban yang paling sesuai dengan pertanyaan atau pernyataan tadi. Mari kita mulai dengan soal nomor 1.

1. ① ② ③
2. ① ② ③
3. ① ② ③
4. ① ② ③
5. ① ② ③
6. ① ② ③
7. ① ② ③
8. ① ② ③
9. ① ② ③
10. ① ② ③

Bagian II

[11-20] Dialog

Untuk setiap soal pada bagian ini Anda akan mendengar sebuah dialog antar dua orang. Dialog itu hanya diperdengarkan satu kali. Dengarkan dialog dengan cermat. Kemudian bacalah soal dan empat pilihan jawaban pada lembar jawaban Anda. Pilihlah salah satu jawaban yang paling tepat.

Contoh: Anda akan mendengar percakapan sebagai berikut:

Pria: Pak Deni tidak datang hari ini.

Wanita : Oh ya?

Pria: Ya, kamu tidak tahu bahwa dia dirawat di rumah sakit?

Wanita : Wah, saya baru tahu sekarang. Apa yang terjadi?

Sekarang Anda membaca pertanyaan: Apa tanggapan pria yang paling tepat?

① Kemarin dia malas makan siang.

② Waktu berangkat ke kantor, mobilnya menabrak pohon.

③ Pak Deni berkunjung ke rumah sakit.

④ Mungkin pemandangannya indah sekali.

Jawaban yang paling tepat untuk pertanyaan itu adalah ②. Karena itu Anda harus memilih jawaban ② dalam lembar jawaban Anda. Sekarang kita mulai bagian ini dengan soal nomor 11.

[Soal 11-12]

[Soal 11]

Apa maksud si wanita dalam percakapan tersebut?

① Sang pria tidak bisa menerima daftar acara dan buku jurnal.

② Sang pria boleh mengetahui siapa namanya.

③ Sang pria bisa mendapat daftar acara dan buku jurnal jika namanya terdaftar.

④ Sang pria harus mendaftar saat itu juga untuk acara hari itu.

[Soal 12]

Apa jawaban pria yang paling tepat untuk menanggapi perkataan si wanita?

① Saya Cecep Priyanto. Dari PT Eka Tunggal Lestari.

② Nama saya Cecep Priyanto. Siapa nama Anda?

③ Cecep Priyanto. Tetapi saya belum mendaftar.

④ Saya Cecep Priyanto. Dari kemarin saya sudah menunggu.

[Soal 13-14]

[Soal 13]

Apa kalimat yang tepat untuk menerangkan percakapan tersebut?

① Penganan tidak dibungkus oleh siapapun.

② Kunjungan ke pabrik penganan singkong.

③ Rasa penganan itu gurih karena digoreng.

④ Pekerja di tempat itu mengutamakan penganan.

[Soal 14]

Apa fungsi ruangan yang disebutkan di dalam percakapan tersebut?

① Untuk menyimpan singkong dan kelapa.

② Fungsinya adalah sebagai tempat pembungkusan penganan.

③ Ruangan itu berfungsi sebagai gudang.

④ Fungsi ruangan itu untuk tempat istirahat.

[Soal 15-16]

[Soal 15]

Apa yang sedang dilakukan oleh dua orang dalam percakapan tersebut?

① Mereka sedang meneliti sampah makanan.

② Dino sedang memberitahu Sari cara memisahkan sampah.

③ Sari membuang sampah di mana-mana.

④ Dino merasa kecewa kepada Sari.

[Soal 16]

Apa pernyataan yang paling sesuai dengan percakapan tersebut?

① Sampah organik adalah sampah yang tidak dapat didaur ulang.

② Sampah anorganik dapat membusuk di dalam tanah.

③ Sampah organik dan anorganik harus dipisah waktu dibuang.

④ Sampah yang dibuang sembarangan melestarikan lingkungan.

[Soal 17-18]

[Soal 17]

Hal yang disepakati dalam dialog tersebut adalah...

① Tempat kelas tambahan.

② Waktu kelas tambahan.

③ Izin kelas tambahan.

④ Materi kelas tambahan.

[Soal 18]

Kalimat perintah di antara kalimat yang tersaji dalam dialog tersebut adalah...

① Ibu tidak bisa mengubah nilaimu.

② Nilai UTS saya rendah sekali.

③ Kelas itu akan dimulai Jum'at ini.

④ Pastikan kamu datang pada hari itu.

[Soal 19-20]

[Soal 19]

Apakah sang pria membaca email yang dikirim oleh wanita?

① Ia menerima email itu minggu lalu.

② Ia membaca email itu tetapi tidak dengan teliti.

③ Ia membaca untuk menjelaskan isi email itu.

④ Ia menanyakan bahan yang dipakai dalam produk mereka.

[Soal 20]

Apa maksud jawaban sang pria?

① Pria tidak terlalu perhatian terhadap pertanyaan wanita.

② Email wanita tiba saat ia sedang sibuk sehingga ia tidak membacanya.

③ Sebenarnya wanita bisa langsung memeriksanya sendiri menggunakan buku panduan.

④ Bahan yang dipakai dalam produk tidak halal menurut buku panduan.

Bagian III

[21-30] Dialog Panjang

Untuk setiap pertanyaan dalam bagian ini Anda akan mendengar percakapan panjang antara dua orang. Dialog ini hanya akan diperdengarkan satu kali. Dengarkan dialog dengan seksama dan bacalah soal dan empat kemungkinan jawaban. Pilihlah salah satu jawaban yang paling tepat untuk menjawab soal yang ada.

[Soal 21 dan 22]

[Soal 21]

Apa kejadian yang sedang berlangsung dalam percakapan?

① Ani merasa kesal kepada Yudi.

② Yudi tidak bersedia untuk mengerjakan tugas.

③ Yudi dan Ani akhirnya pergi mengerjakan tugas.

④ Yudi gagal meminta izin kepada ibunya.

[Soal 22]

Apa tanggapan Ani yang paling tepat terhadap keputusan Yudi?

① Rasanya ibumu akan pergi ke perpustakaan.

② Yah, semoga ibumu bisa mengerti keadaan kita.

③ Siapa tahu ibumu akan mengerjakan tugas penting ini.

④ Kalau ibumu bingung, kita batal pergi ke perpustakaan.

[Soal 23, 24, dan 25]

[Soal 23]

Apa pernyataan yang paling tepat untuk percakapan tersebut?

① Terjadi konflik antara ayah dan ibu Tomo tentang Jeki.

② Ayah dan ibu Tomo tidak sependapat.

③ Orang tua Tomo bersyukur karena majikan mereka baik hati.

④ Keluarga Pak Darmawan segan datang ke rumah keluarga Tomo.

[Soal 24]

Apa pernyataan di bawah ini yang kurang sesuai tentang hubungan Jeki dan Tomo dalam percakapan tersebut?

① Jeki dan Tomo berteman dengan baik walau mereka saling berbeda.

② Tomo memiliki cacat mental, tetapi Jeki tetap membantunya.

③ Ayah Tomo bekerja pada ayah Jeki.

④ Kemarin Ibu Jeki mampir ke rumah Tomo.

[Soal 25]

Bagaimana sifat keluarga Jeki yang digambarkan dalam percakapan tersebut?

① Keluarga itu sopan, suka berbagi, dan rendah hati.

② Keluarga itu sirik dan pelit.

③ Keluarga itu merendahkan orang lain.

④ Keluarga itu selalu segan mampir ke rumah keluarga Tomo.

[Soal 26 dan 27]

[Soal 26]

Pernyataan mana yang sesuai dengan dialog tersebut?

① Tiga orang sedang berdiskusi.

② Cecep dan Billy mempermainkan Sari

③ Billy membeli sepatu Sari.

④ Sari membeli sepatu baru.

[Soal 27]

Peribahasa yang sesuai dengan ilustrasi tersebut adalah...

① Mencoreng arang di kening.

② Tak ada gading yang tak retak.

③Lempar batu, sembunyi tangan.

④Ayam berkotek tanda bertelur.

[Soal 28, 29, dan 30]

[Soal 28]

Apa perbedaan produk cat rambut lama dan baru menurut percakapan tersebut?

① Cat rambut busa lebih sulit dipakai daripada cat rambut lama.

② Produk baru tinggal dibalurkan pada rambut, sementara yang lama harus menggunakan sikat rambut.

③ Cat rambut baru harus menggunakan sarung tangan, tetapi yang lama disemprotkan pada rambut.

④ Setelah memakai cat rambut baru, tidak perlu lagi menunggu 15 menit ataupun keramas.

[Soal 29]

Bagaimana cara pemakaian cat rambut baru yang tepat menurut penjelasan si wanita?

① Cukup disemprot pada rambut dan ditunggu selama 15 menit.

② Busa itu harus menunggu selama 15 menit.

③ Cat rambut disemprotkan ke telapak tangan dulu kemudian dibalurkan pada rambut.

④ Dibalurkan pada sarung tangan.

[Soal 30]

Apa pernyataan yang <u>kurang tepat</u> menurut percakapan tersebut?

① Si wanita menerangkan cara pemakaian cat rambut model baru kepada pria.

② Pria belum tahu cara pemakaian cat rambut model baru dengan tepat.

③ Cat rambut model baru berbentuk busa sehingga lebih mudah dipakai daripada yang lama.

④ Penggunaan cat rambut lama dan baru sebenarnya tidak berbeda sama sekali.

Bagian IV

[31-50] Pernyataan Singkat

Pada soal berikut Anda akan mendengarkan teks singkat. Setelah mendengar setiap teks, Anda akan mendapatkan beberapa pertanyaan. Anda akan mendengarkan teks itu hanya satu kali saja. Pertanyaan tercantum dalam lembaran soal dan tidak dibacakan. Oleh karena itu, setelah mendengarkan sebuah teks, bacalah pertanyaan-pertanyaan beserta empat kemungkinan jawaban pada lembar jawaban Anda. Kemudian, tentukan jawaban yang paling tepat. Sekarang, marilah kita mulai dengan bagian IV dengan soal nomor 31.

[Soal 31 dan 32]

[Soal 31]

Di mana pemberitahuan itu diumumkan?

① Pesawat telepon

② Pesawat terbang

③ Pesawat bermesin

④ Pesawat darurat

[Soal 32]

Apa yang menjadi larangan bagi penumpang menurut pemberitahuan itu?

① Merokok dalam penerbangan.

② Membeli barang-barang bebas pajak.

③ Menggunakan sabuk pengaman

④ Memesan barang-barang untuk penerbangan kepulangan.

[Soal 33, 34, dan 35]

[Soal 33]

Bagaimana penggambaran tokoh "aku" dalam cerita di atas?

① Ia sedang melihat lukisan seorang anak dan ibunya.

② Dia mencari anaknya dan menyesali perbuatannya di masa lalu.

③ Anaknya hilang dan ia sedang mencarinya di taman kanak-kanak.

④ Dalam lukisan yang dilihatnya, ia menemukan bukti tentang anaknya.

[Soal 34]

Apa yang kurang tepat tentang anak dari tokoh utama dalam cerita tersebut?

① Anak itu adalah anak perempuan.

② Anak itu ditinggal oleh ibunya di depan suatu rumah.

③ Anak itu bernama Karin.

④ Anak itu mirip dengan Dewi Sri.

[Soal 35]

Apa pernyataan yang paling sesuai untuk cerita tersebut?

① Seorang anak perempuan sedang mengamati sebuah lukisan.

② Seorang ibu sedang menyesali perbuatannya di masa lalu.

③ Seorang anak perempuan mencari ibu kandungnya.

④ Seorang ibu melukis anak perempuannya.

[Soal 36, 37, dan 38]

[Soal 36]

Bagaimana keadaan kota Jakarta yang digambarkan dalam teks tersebut?

① Kota Jakarta belum mengalami perubahan.

② Sekarang telah terlihat perbaikan ke arah yang lebih baik.

③ Anak-anak bisa bermain di permukiman kumuh.

④ Pemerintah provinsi DKI Jakarta gagal bertanggung jawab.

[Soal 37]

Mana dari antara hal di bawah ini yang <u>tidak termasuk</u> dalam persoalan di Jakarta menurut teks?

① Kemacetan lalu lintas

② Curah hujan

③ Kemiskinan

④ Pembuangan sampah

[Soal 38]

Apa yang termasuk dalam perbaikan yang sudah ada menurut teks tersebut?

① Sungai-sungai

② Permukiman kumuh

③ Kemacetan

④ Banjir

[Soal 39, 40, dan 41]

[Soal 39]

Apa kejadian yang disebutkan dalam berita tersebut?

① Terjadi kecelakaan lalu lintas yang menewaskan 15 orang.

② Sebuah rumah sakit di Milyang melukai 38 orang pasiennya.

③ Kebakaran melanda sebuah rumah sakit pada pukul 7.30 waktu setempat.

④ Perdana Menteri Korea Lee Nak Yeon menyelamatkan korban.

[Soal 40]

Apa penyebab terjadinya kejadian itu menurut berita tersebut?

① Karena 31 orang tewas dalam peristiwa kebakaran tersebut.

② Api yang muncul di ruang gawat darurat.

③ Petugas pemadam kebakaran yang berupaya masuk ke dalam gedung.

④ Pihak berwenang yang memindahkan pasien ke empat rumah sakit terdekat.

[Soal 41]

Apa hal yang <u>kurang tepat</u> dengan berita tersebut?

① Penyebab munculnya api belum diketahui.

② Kebakaran terjadi pada pukul 7.30 waktu setempat.

③ Pemadam kebakaran berhasil mematikan api dalam waktu 1 jam 40 menit.

④ Ada empat rumah sakit terdekat yang terkena dampak asap yang tebal.

[Soal 42]

Apa topik utama dalam bacaan tersebut?

① Cara mengatur gaji dengan baik.

② Cara mengatur anggaran pengeluaran bulanan.

③ Memprioritaskan kegiatan menabung daripada gajian.

④ Disiplin menempatkan dana darurat.

[Soal 43]

Apa yang <u>tidak</u> disarankan dalam bacaan tersebut?

① Mengatur anggaran pengeluaran per bulan.

② Menempatkan dana darurat sejak awal.

③ Mengganggu gugat sejumlah dana tabungan.

④ Dana tabungan wajib diprioritaskan setelah gaji cair.

[Soal 44]

Hasil apa yang bisa diperoleh jika mengikuti saran dalam bacaan tersebut?

① Dapat membelanjakan uang untuk berbagai kebutuhan pokok.

② Dapat belanja atau mencicil hutang.

③ Dapat memiliki sejumlah tabungan secara rutin.

④ Gaji teralokasikan untuk kebutuhan lain.

[Soal 45]

Informasi apa yang disampaikan dalam bacaan tersebut?

① Seminar Internasional Migrasi Bahasa Austronesia 2017 akan segera dibatalkan.

② Pengumuman bahwa acara hari itu akan segera dilaksanakan.

③ Para hadirin harus memeriksa nama yang ditempatkan di dalam ruangan.

④ Semua orang yang memerlukan interpretasi harus menempatkan diri di tempat duduk.

[Soal 46]

Apa pernyataan yang <u>kurang sesuai</u> dengan bacaan tersebut?

① Pengumuman ditujukan pada peserta seminar.

② Seminar itu membahas tentang perpindahan bahasa Austronesia.

③ Bahasa yang digunakan dalam seminar itu hanya bahasa Inggris.

④ Kalau peserta mengangkat tangan, panitia akan mengganti alat penerima mereka.

[Soal 47]

Apa yang tidak disebutkan dalam bacaan tersebut?

① Ruangan tempat diselenggarakannya seminar.

② Interpretasi simultan yang dapat didengar melalui alat penerima atau receiver.

③ Tempat duduk untuk setiap peserta seminar.

④ Pendaftaran tambahan bagi peserta yang belum mendaftar sebelumnya.

[Soal 48]

Judul yang paling sesuai untuk bacaan tersebut adalah...

① Minyak bumi, gas bumi, batu bara, besi, dan emas adalah sumber daya penting.

② Pertanian, perkebunan, dan kehutanan adalah sumber daya yang tidak dapat diperbarui.

③ Semua benda mati dan makhluk hidup berguna bagi kehidupan manusia.

④ Sumber daya alam di sekitar kita dan jenis-jenisnya.

[Soal 49]

Apa yang termasuk dalam sumber daya alam menurut bacaan tersebut?

① Sumber daya yang dapat diperbarui dan yang tidak dapat diperbarui.

② Berbagai benda yang tidak memberi manfaat kepada manusia.

③ Kebutuhan manusia yang selalu menuntut lebih dari yang diperlukan.

④ Sumber daya yang hanya dapat pulih secara alami atau melalui budidaya manusia.

[Soal 50]

Pernyataan mana yang <u>kurang tepat</u> dengan bacaan itu?

① Sumber daya alam diperlukan manusia untuk memenuhi kebutuhannya.

② Kayu, barang tambang, dan tanah memang merugikan kehidupan manusia.

③ Sumber daya alam yang tidak dapat diperbarui hanya bisa dipakai satu kali.

④ Contoh sumber daya alam yang dapat pulih dengan bantuan manusia adalah pertanian.

[읽기 평가 문제]

Ujian Kemampuan Membaca
Bagian V

[51-65] Pilihlah kata yang paling tepat untuk melengkapi kalimat-kalimat berikut.

[Soal 51]

Penulis lirik lagu Indonesia harus punya wawasan kebangsaan ____ ia bisa berperan membangun bangsa melalui musik.

(Sumber: Bahasa Indonesia SMP Kelas IX, p 6)

① supaya
② meskipun
③ namun
④ sambil

[Soal 52]

__________ dengan Rudin, Dewi, guru Biologi SMA Negeri 1 Medan, menjelaskan efek buruk bila pelajar atau remaja merokok.

(Sumber: Cerdas Berpikir Bahasa dan Sastra Indonesia untuk SMA, p 46).

① padahal
③ sehingga
② walaupun
④ sependapat

[Soal 53]

Pahatan pada Candi Borobudur __________ kehidupan Budha.

(Sumber: Mahir Berbahasa Indonesia untuk SMP/MTs Kelas VII)

① memaparkan
③ menggambarkan
② menggemparkan
④ memastikan

[Soal 54]

Lukas: Mau pesan apa? Mumpung gratis!

Nino: Wah, aku mau bubur se________, ya!

Apa kata yang tepat untuk mengisi bagian kosong di atas?

(Sumber: Bank Soal Bahasa Indonesia SMP/MTs, p 430)

① botol
③ mangkuk
② potong
④ bidang

[Soal 55]

Setelah pelajaran hari ini selesai, ________ mahasiswa belajar berpresentasi dan menanggapi pertanyaan dari pendengar.

(Sumber: Cerdas Berpikir Bahasa dan Sastra Indonesia untuk SMA, p 119).

① disampaikan
③ diharapkan
② dimintakan
④ digenapkan

[Soal 56]

Beberapa saat __________ Ibu muncul membawa gelas berisi kopi.

Apa jawaban yang paling tepat untuk mengisi bagian rumpang dalam kalimat di atas?

(Sumber: Bank Soal Bahasa Indonesia SMP/MTs).

① kemudian
② sambil
③ itu
④ dilalui

[Soal 57]

Kami di rumah memang ______ diri untuk menjalani hidup sehari-hari dengan rencana yang jelas dan tertulis.

Apa kata yang tepat untuk bagian kosong di atas?

(Sumber: Bahasa Indonesia SMP Kelas IX, p33).

① terbiasa
② dibiasakan
③ kebiasaan
④ membiasakan

[Soal 58]

Volume suara adalah *keras-lemahnya* suara pembicara saat berceramah.

Mana kombinasi kata yang <u>tidak sejenis</u> dengan kata bercetak miring di atas?

(Sumber: Bahasa Indonesia SMP Kelas IX, p115).

① tinggi-rendah
② besar-kecil
③ dalam-dangkal
④ lambat-laun

[Soal 59]

Kendaraan atau angkutan adalah alat transportasi yang amat besar *manfaat*nya bagi manusia.

Apa sinonim dari kata bercetak miring pada kalimat di atas?

(Sumber: Mahir Berbahasa Indonesia untuk SMP/MTs Kelas VII, p 30)

① guna
② jenis
③ fungsi
④ efek

[Soal 60]

Lumba-lumba adalah binatang mamalia yang hidup di laut.

Mana kata berulang di bawah ini yang jenisnya sama dengan kata bercetak miring di atas?

① lomba-lomba
② kupu-kupu
③ lembah-lembah
④ burung-burung

[Soal 61]

Perbedaan jarak antara bulan dan bumi dengan matahari menyebabkan terjadinya gerhana matahari.

Apa kata yang sama artinya dengan kata bercetak miring pada kalimat di atas?

(Sumber: Mahir Berbahasa Indonesia untuk SMP/MTs Kelas VII, p117)

① selisih
② perselisihan
③ berselisih
④ menyelisih

[Soal 62]

Mulanya saya tidak merokok, tetapi *payah* juga kalau tidak merokok, karena semua teman saya merokok.

Apa lawan kata untuk kata bercetak miring pada kalimat di atas?

(Sumber: Cerdas Berpikir Bahasa dan Sastra Indonesia untuk SMA, p42)

① gampang
② sulit
③ berat
④ lelah

[Soal 63]

Permisi, saya mau menemukan Pak Lee. Apakah beliau ada di kantornya?

Apa kata yang tepat untuk menggantikan kata bergaris bawah pada kalimat di atas?

① mendapati
② menyurati
③ menjumpai
④ menyirami

[Soal 64]

Ali terkena flu berat gara-gara kehujanan waktu pulang kerja kemarin.

Mana dari kata di bawah ini yang mempunyai arti imbuhan 'ke-an' yang sama dengan kata bergarisbawah di atas?

① kemuliaan
② kebesaran
③ kemahalan
④ kepanasan

[Soal 65]

universitas – paling – di – kami – kota – besar – ini

Susunan yang paling tepat untuk kata-kata di atas adalah....

① Kami paling besar di kota universitas ini.

② Kota kami di kota ini paling besar universitas.

③ Universitas ini di kota kami paling besar.

④ Universitas kami paling besar di kota ini.

Bagian VI

[66-70] Pilihlah arti yang paling tepat pada kalimat berikut.

[Soal 66]

Semua orang tidak menyangka Santoso ternyata panjang tangan.

Apa arti kata *panjang tangan*?

① suka mencuri
② tinggi
③ rajin
④ kurang sehat

[Soal 67]

Belum satu bulan kepergian ibunya, ayah Cecep juga meninggal akibat kecelakaan lalu lintas.

Peribahasa apa yang paling sesuai untuk menggambarkan keadaan Cecep?

① Sudah jatuh, tertimpa tangga pula.
② Sekali tangkap, dua lalat.
③ Berakit-rakit ke hulu, berenang-renang kemudian.
④ Gajah mati meninggalkan gading, orang mati meninggalkan nama.

[Soal 68]

Imbuhan *-i* yang menyatakan arti 'berulang-ulang' ada pada kalimat ....

① Tandai dulu bagian yang tidak kamu mengerti dari buku itu.
② Sebaiknya, jangan engkau gulai minuman kopi untuk ayah.
③ Kalau ingin sayurmu enak, bumbui saja dengan bumbu terkenal ini.
④ Biarkan mereka tumbuh secara alami.

[Soal 69]

Mana dari kata-kata berimbuhan 'pe-an' berikut ini yang tidak mengandung arti "proses"?

① penanaman
② penetasan
③ pengaspalan
④ pertokoan

[Soal 70]

Bacalah teks berikut.

Kini tiba pada hari terakhir kami berkumpul. Besok kami akan menuju ke tempat melanjutkan sekolah masing-masing. Kami ..... . Air mata tanpa disadari .... . Terasa berat hati berpisah karena tidak ada lagi canda gurau dan .... yang menambah manis persahabatan kami.

Kata ulang yang tepat untuk melengkapi paragraf tersebut adalah . . .

① bersalam-salam, linang-linangan, cela-celaan
② bersalaman-salam, berlinang-linangan, tercela-cela
③ menyalam-nyalami, linang-linangan, cela-cela
④ bersalam-salaman, berlinang-linang, cela-celaan

[71-80] Pilihlah salah satu kata yang tepat untuk menggantikan kata atau frasa yang digarisbawahi.

[Soal 71]

Bacalah teks berikut.

Pekerjaan Aisha sangat bagus meskipun tidak dapat dikatakan sempurna. Namun, sebagai karya anak kecil, kerajinan tangan Aisha sangat bagus. Banyak orang mengagumi karyanya. Meskipun bagus, kalau dicari kekurangan pasti tetap ada. Tidak ada buatan manusia yang sempurna.

Isi teks tersebut sama dengan peribahasa...

① Air tenang menghanyutkan.

② Air tenang jangan dikira tidak berbuaya.

③ Karena nila setitik, rusak susu sebelanga.

④ Tak ada gading yang tak retak.

[Soal 72]

Kata berimbuhan *memper-i* berikut ini menyatakan makna 'menjadikan obyek-', kecuali...

① Ia mempelajari materi yang diberikan guru.

② Amerika mempersenjatai tentara dengan senjata super canggih.

③ Pak Dalimin memperbaiki kursi yang rusak.

④ Bangsa Indonesia memperingati kemerdekaannya.

[Soal 73]

Bacalah paragraf berikut dengan saksama.

Nisa tidak menyangka bakal menduduki peringkat pertama di kelasnya. Ia pun ... kegirangan. Padahal, menurutnya, ia hanya belajar ala kadarnya. ... memberikan ucapan selamat kepadanya.

Kata ulang yang tepat untuk melengkapi paragraf tersebut adalah . . . .

① tersedu sedan, siswa-siswa

② tertatih-tatih, teman-teman

③ menjerit-jerit, hewan-hewan

④ melompat-lompat, teman-teman

[Soal 74]

Perhatikan paragraf berikut!

Saat ini pemerintah harus meningkatkan ..... pertanian untuk menuju swasembada pangan. Kenyataan di lapangan menunjukkan bahwa rata-rata alih fungsi lahan pertanian yang mencapai 230.000 hektar pertahun serta dukungan ..... dan input pertanian belum memadai. Hal tersebut membuat beban para petani untuk memproduksi pangan yang mencukupi seluruh wilayah Indonesia sangat berat. Beban para petani bertambah dengan adanya perubahan iklim yang ..... . Perubahan iklim tersebut menyebabkan gagal panen.

Kata serapan yang tepat untuk melengkapi paragraf di atas adalah ....

① produktivitas, infrastruktur, ekstrem

② produktivitas, infrastruktur, ekstrim

③ produksi, infrastructure, ekstrim

④ production, infrastructure, ekstrem

[Soal 75]

Kalimat di bawah ini yang di dalamnya terdapat kata berhomofon adalah....

① Sebelum *apel* dia membeli *apel* dahulu.

② Siapa pun *tahu* bahwa *tahu* itu makanan bergizi.

③ Saya tidak *bisa* mengambil *bisa* ular itu.

④ *Bang* Amir mengantar tetangga ke *bank*.

[Soal 76]

Cermatilah kalimat berikut!

Orang yang <u>bagai air di daun talas</u> tentu mudah terpengaruh oleh bujuk rayu.

Arti ungkapan *'bagai air di daun talas'* pada kalimat tersebut adalah ....

① tidak dengan kemauan penuh

② lekas patah semangat

③ tak perlu pendirian

④ tak teguh pendiriannya

[Soal 77]

Kehidupan manusia tidak mungkin selalu gembira. Siapapun pasti setuju bahwa kehidupan manusia selalu ada <u>pasang-surutnya</u>.

Apa ungkapan yang sesuai dengan kata *'pasang-surutnya'* dalam kalimat di atas?

① hitam-putihnya

② panjang-lebarnya

③ lambat-launnya

④ asam-manisnya

[Soal 78]

Perhatikan pengumuman berikut!

Pengumuman Untuk memelihara lingkungan sekolah agar supaya bersih dan nyaman, besok pagi akan diadakan kegiatan kerja bakti. Untuk itu, bagi para siswa diminta membawa alat kebersihan dan pakaian olahraga.

Kalimat dalam pengumuman di atas tidak efektif. Agar menjadi kalimat yang efektif maka kata-kata yang perlu dihilangkan adalah .....

① supaya, kegiatan, bagi

② nyaman, kegiatan, bagi

③ supaya, nyaman, kegiatan

④ agar, kegiatan, dan

[Soal 79]

Penggunaan imbuhan *me-* pada kalimat di bawah ini yang tidak tepat adalah ...

① Di dalam kuliah itu, mahasiswa harus selalu *menghafal* kata-kata.

② Saya diberi tugas untuk *mentelaah* puisi Diponegoro.

③ Alkohol dapat digunakan untuk *mencuci* peralatan kedokteran.

④ Dia memang sudah *menjelajah* di Indonesia sejak masa mudanya.

[Soal 80]

Anak <u>terbelakang</u> itu selalu menyendiri saja di dalam kelas.

Apa arti kata 'terbelakang' dalam kalimat di atas?

① Duduk di tempat paling belakang

② Lambat dalam belajar

③ Suka duduk di kursi belakang

④ Bersifat tertutup dan pendiam

Bagian VII

[81-85] Pilihlah salah satu kata yang tepat untuk menggantikan frasa yang digarisbawahi.

[Soal 81]

Anak itu tunarungu tetapi tak pernah putus asa.

Makna tunarungu adalah .....

① bisu ② tuli ③ buta ④ cadel

[Soal 82]

Jangan patah semangat walaupun banyak rintangan yang harus kauhadapi.

Kata patah semangat sama artinya dengan ....

① hilang akal ② putus asa ③ bingung ④ gelisah

[Soal 83]

Guru-guru melakukan berbagai usaha untuk membuat murid bersemangat dalam belajar.

Kata usaha dapat diganti dengan ....

① daya ② strategi ③ kekuatan ④ tenaga

[Soal 84]

Berikut ini kata yang tidak mengandung imbuhan memper-i adalah ....

① memperbaiki

② memperingati

③ memperjualbeli

④ mempersenjatai

[Soal 85]

Pasangan kata berikut yang bersinonim adalah ....

① indah sentosa
② panjang lebar
③ bersih cemerlang
④ cantik jelita

Bagian VIII

[86-88] Pilihlah bagian yang digarisbawahi yang salah secara tata bahasa.

[Soal 86]

Pilihlah bagian yang salah dalam kalimat berikut!

Kita harus dapat menganti(①) kebiasaan(②) kurang terpuji(③), menjadi kebiasaan baik(④).

[Soal 87]

Pilihlah bagian yang salah dalam kalimat berikut!

Dengan meningkatnya(①) pengaruh dunia barat(②) memerlukan pengawasan dan pembinaan(③) terhadap generasi muda(④).

[Soal 88]

Pilihlah bagian yang salah dalam kalimat berikut!

Kedua orang itu(①) saling bersalam-salaman(②) dengan sukacitanya(③) karena lama tidak bertemu(④).

[Soal 89]

Berikut ini adalah penggunaan 'yang' yang salah,...

① Yang saya bawa adalah buku.

② Cara yang datang ke universitas ini mudah sekali.

③ Yang berbelanja melalui internet adalah sangat nyaman,

④ Dia bertanya tentang waktu yang restoran itu buka.

[Soal 90]

Cermati kalimat berikut:

Sejak dahulu kala kita semua telah diajari agar saling kasih-mengasihi sesama warga masyarakat.

Perbaikan kalimat tidak efektif tersebut adalah .....

① Sejak dahulu kita diajari agar saling mengasihi sesama masyarakat.

② Sejak dahulu kala kita diajari agar saling kasih-mengasihi sesama warga.

③ Sejak dahulu kita telah diajari agar saling mengasihi sesama masyarakat.

④ Sejak dahulu kita diajari agar saling kasih-mengasihi sesama warga masyarakat.

Bagian IX

[91-140] Bacalah wacana berikut dan jawablah pertanyaannya.

[Soal 91-93]

Surabaya, 8 April 2017

Yth. Kepala Bagian Personalia

PT Eka Adikarya Agung

di tempat.

Setelah membaca iklan Bapak/Ibu di harian Kompas pada tanggal 7 April 2018, saya mengajukan lamaran untuk mengisi posisi sebagai Koordinator Studio dan Konsultan di PT Eka Adikarya Agung. Mengenai keterangan singkat tentang diri saya, dapat saya jelaskan sebagai berikut.

Nama : Ayu Wulandari

Tempat dan tanggal lahir : Surabaya, 1 Maret 1993

Alamat : Jl. Letjen Sutoyo 35, Surabaya

Pendidikan akhir : S1 Manajemen Pemasaran

Perlu saya sampaikan bahwa selain dapat berkomunikasi dalam bahasa Indonesia, saya juga lancar berbahasa Inggris dan Mandarin. Keterampilan itu saya peroleh melalui kursus dengan bukti sertifikat terlampir. Saya juga berpengalaman di bidang pemasaran, khususnya alat-alat kosmetik, selama satu tahun. Bukti-bukti itu saya lampirkan bersama surat lamaran ini.

Sekiranya diperlukan, saya bersedia mempresentasikan keahlian saya dan sekaligus diwawancarai di PT Eka Adikarya Agung.

Besar harapan saya, Bapak/Ibu dapat mempertimbangkan lamaran ini dan sebelumnya saya mengucapkan terima kasih.

Hormat saya,

Ayu Wulandari

(Sumber: Cerdas Berpikir Bahasa dan Sastra Indonesia untuk SMP, p130)

[Soal 91]

Apa jenis surat di atas?

① Surat Kuasa

② Surat Warisan

③ Surat Permohonan Izin Kerja

④ Surat Lamaran Kerja

[Soal 92]

Untuk apa surat tersebut dibuat?

① Menyatakan bahwa Ayu sudah membaca iklan di Harian Kompas.

② Menerangkan apa saja yang bisa dilakukan oleh Ayu Wulandari.

③ Menawarkan diri untuk mengisi lowongan pada bagian pemasaran di PT Eka Adikarya Agung.

④ Memberitahu bahwa diri mempunyai berbagai pengalaman kerja dan bersedia diwawancarai.

[Soal 93]

Pilihlah satu yang <u>tidak sesuai</u> dengan wacana tersebut.

① PT Eka Adikarya Agung mencari karyawan baru melalui surat kabar.

② Pelamar mempunyai pengalaman di bidang pemasaran alat kosmetik.

③ Perusahaan itu memerlukan karyawan untuk menjadi Koordinator Studio dan Konsultan.

④ Ayu Wulandari akan segera mengunjungi perusahaan itu untuk berpresentasi.

[Soal 94-96]

Hajah Rangkayo Rasuna Said atau Rasuna Said lahir di Maninjau, Sumatera Barat, pada 14 September 1910 sebagai seorang putri bangsawan Minang. Beliau merupakan salah satu pahlawan nasional perempuan Indonesia yang memperjuangkan kemerdekaan, serta membela persamaan hak antara laki-laki dan perempuan.

Semasa sekolah, Rasuna Said dikenal sebagai pribadi yang pandai, cerdas, dan pemberani. Dalam dunia pergerakan, Rasuna Said termasuk kaum muda yang berpikiran maju. Mula-mula beliau masuk organisasi Sarekat Rakyat dan diangkat sebagai sekretaris cabang. Pada 1930, ia memasuki Partai Muslimin Indonesia yang berhaluan Islam dan nasionalisme.

Keberanian yang dimilikinya sejak kecil ini terlihat saat beliau mengungkapkan pikirannya melalui pidato yang berisi kecaman terhadap pemerintah kolonial Belanda. Akibatnya ia ditangkap pada tahun 1972 dan dipenjarakan di Semarang. Setelah bebas, Rasuna Said tidak gentar menyampaikan pikiran-pikirannya melalui pidato yang mampu membangkitkan semangat pemuda saat itu.

(Sumber: Fokus UNi 2017, p78).

[Soal 94]

Mengapa Rasuna Said ditangkap dan dipenjara?

① Rasuna Said sering didukung oleh tokoh tokoh pergerakan nasional.

② Isi pidato Rasuna Said mengecam perbuatan pemerintahan Belanda.

③ Rasuna Said sering membawa alat-alat untuk perang.

④ Rasuna Said ikut berjuang dalam melawan pemerintahan Belanda.

[Soal 95]

Keteladanan Rasuna Said sesuai isi kutipan biografi tersebut adalah…

① Berani mengungkapkan pikiran serta gagasannya untuk membela bangsa dan negara.

② Mendapat simpati dari tokoh-tokoh perjuangan bangsa.

③ Berkecimpung dalam pergerakan lingkungan dan nasional.

④ Sangat dikagumi karena pidato-pidatonya yang menarik dan berani.

[Soal 96]

Pilihlah satu jawaban yang <u>tidak sesuai</u> dengan wacana tersebut.

① Rasuna Said merupakan pahlawan nasional yang memperjuangkan kemerdekaan.

② Rasuna Said adalah seorang pria yang selalu mengungkapkan pikirannya melalui pidato.

③ Karena terlalu berani, akibatnya Rasuna Said ditangkap dan dipenjara.

④ Rasuna Said selalu membangkitkan semangat pemuda saat itu.

[Soal 97-99]

Entah kenapa aku jadi teringat ibuku. Sepertinya ibu juga biasa menggunakan topeng. Aku selalu melihat wajahnya yang penuh kehangatan. Apakah ibu hanya punya topeng itu? Atau memang ibu sengaja hanya menggunakan topeng itu saat aku menatapnya? Atau itu ekspresi sebenarnya yang ada dalam hatinya? Sepertinya bukan.

Aku tahu bahwa ibu seringkali lelah, seringkali sakit, seringkali kelaparan, dan juga bersedih. Namun, topeng penuh kehangatan selalu dipakainya untuk membuatku merasa nyaman.

Lamunanku buyar, aku kembali ke dunia nyata. Apa yang kita lihat pada seseorang tidak selalu menunjukkan isi hatinya yang sebenarnya. Karena manusia suka menggunakan topeng saat berhadapan dengan orang lain.

(Sumber: Cerpen "Topeng Kehidupan", Sanditya)

[Soal 97]

Kalimat resensi berupa *keunggulan* cerpen tersebut adalah…

① Penyajian peristiwa atau kejadian dalam cerita dapat diterima dengan baik karena peristiwa yang disajikan sangat menyayat hati.

② Pengarang menyajikan rangkaian peristiwa kehidupan yang penuh makna sehingga pembaca dapat memperoleh amanat yang ingin disampaikan dalam cerita tersebut.

③ Konflik yang disajikan oleh pengarang membuat jalan cerita berputar-putar yang memerlukan pemikiran yang rumit.

④ Peristiwa yang disajikan melompat-lompat karena peristiwa disajikan tidak secara runtut atau kronologis.

[Soal 98]

Apa pernyataan yang <u>kurang sesuai</u> dengan bacaan tersebut?

① Penulis menggunakan 'topeng' sebagai kiasan dalam ceritanya.

② Pengarang membawa pembaca untuk berpikir tentang ekspresi wajah masing-masing dalam berbagai situasi.

③ Inti cuplikan cerita ini adalah hikmah yang didapat oleh pengarang dari ibundanya.

④ Amanat yang terkandung dalam cerita ini sangat menarik karena topeng sangat baik untuk menutupi wajah.

[Soal 99]

Kalimat *kritik* yang dapat diberikan terhadap kutipan cerpen tersebut adalah...

① Diksi yang dipakai pengarang dalam kalimat terlalu banyak menggunakan bahasa gaul.

② Karakter tokoh-tokoh dalam cerita itu berkaitan dengan kehidupan pengarang.

③ Pengarang hanya menyebutkan ibunya sebagai contoh orang yang menggunakan 'topeng'.

④ Latar suasana tidak dideskripsikan dengan jelas, karena pengarang hanya menyebutkan bahwa ibunya sakit.

[Soal 100-102]

> Meskipun pernah mengalami kebangkrutan, Doni tidak menyerah begitu saja. Perlahan-lahan tetapi pasti, Doni merintis kembali usahanya. Selain meminjam modal ke sana kemari, Doni pun tak segan belajar dari seniornya yang sukses membangun usaha di Jakarta.
>
> Berkat kegigihannya usaha Doni kian berkembang. Kini ia menjadi pengusaha yang sangat disegani. Segala jenis bisnis yang ia kelola berhasil meraup keuntungan melimpah. Oleh karena itu, teman-temannya menjulukinya si ..... karena kesuksesannya.
>
> (Sumber: Bahasa Indonesia SMP/MTs hal 117)

[Soal 100-102]

Ungkapan yang sesuai untuk mengisi bagian kosong di atas adalah....

① tangan kanan

② tangan dingin

③ main tangan

④ ringan tangan

[Soal 101]

Mana yang paling tepat sebagai judul wacana tersebut?

① Doni, Pengusaha Sukses Pantang Menyerah.

② Kebangkrutan Akan Melahirkan Kesuksesan.

③ Kalau Mau Sukses, Cobalah Ke Jakarta.

④ Keuntungan Dapat Diperoleh, Asal Pinjam Modal.

[Soal 102]

Pernyataan mana yang <u>tidak sesuai</u> dengan karakter Doni dalam bacaan tersebut?

① Ia tidak berputus asa walau mengalami kesulitan.

② Ia meminjam modal pada seniornya.

③ Akhirnya ia menjadi seorang pengusaha disegani di Jakarta.

④ Ia memiliki berbagai jenis bisnis yang memberi keuntungan besar.

[Soal 103-105]

"Kau yang Berasal dari Bintang" adalah sebuah sinetron yang ditayangkan di stasiun TV RCTI. Sinetron ini diproduksi oleh SinemArt Sinetron ini dianggap menjiplak drama Korea Selatan yang berjudul "My Love from the Star". Pihak SBS sebagai pemilik drama "My Love from The Star" merasa keberatan

Pihak SBS mengadakan pertemuan dengan tim produksi yang bersangkutan dan keduanya setuju untuk berdamai. Tim produksi 'Kau yang Berasal dari Bintang' mengakui kesalahannya dan melanjutkan negosiasi mengenai pembelian hak cipta dan hak publikasi.

Sinetron ini sempat dihentikan penayangannya. Namun, setelah melalui proses pertemuan dan kesepahaman antara RCTI dengan SBS, sinetron ini kembali ditayangkan pada 4 Juni 2014. Tidak seperti drama aslinya yang rampung dalam 21 episode, rumah produksi sinetron ini memperpanjang episode dengan cerita yang tidak lagi ada dalam drama "My Love from the Star".

(Sumber: https://www.kompasiana.com/sahroha.lumbanraja/sinetron-plagiat-kau-yang-berasal-dari-bintang-bukti-dangkalnya-kreatifitas-tv-indonesia_54f76d6aa3331145398b47bc).

[Soal 103]

Topik dalam wacana di atas adalah ...

① Penelitian televisi
② Stasiun televisi
③ Drama televisi
④ Jenis televisi

[Soal 104]

Apa topik utama dalam wacana di atas?

① "Kau yang Berasal dari Bintang" ditayangkan di stasiun TV RCTI.
② Drama "Kau yang Berasal dari Bintang" dianggap menjiplak drama dari Korea Selatan.
③ Pihak SBS merasa keberatan untuk mengadakan pertemuan dengan tim produksi Indonesia.
④ Drama itu akhirnya diproduksi ulang dengan cerita yang tidak ada dalam drama "My Love from the Star".

[Soal 105]

Pernyataan yang <u>tidak tepat</u> berdasarkan wacana di atas adalah ...

① "Kau yang Berasal dari Bintang" meniru drama yang dibuat oleh SBS.
② Drama "Kau yang Berasal dari Bintang" terinspirasi dari drama Korea "My Love from the Star".
③ "Kau yang Berasal dari Bintang" memiliki cerita yang lebih panjang daripada "My Love from the Star".
④ Tim produksi "Kau yang Berasal dari Bintang" mengingkari kesalahannya dan tidak bersedia bernegosiasi.

[Soal 106-108]

Penggunaan kata "Indonesia" untuk wilayah Nusantara, mulai diperkenalkan pada pertengahan abad ke 19. Nama itu dipergunakan untuk kepulauan dan penduduk di Nusantara. Saat tinggal di Singapura, seorang etnolog dan perwira kolonial yang ahli bahasa Melayu, George Windsor Earl pada tahun 1850 menulis sebuah artikel tentang ciri-ciri penduduk di Nusantara.

Ia menggunakan istilah Indos-nesians dan Melayu-nesians bagi penduduk di kepulauan Nusantara. Kata "Indonesia" sendiri berasal dari kata "India" (dari bahasa Latin untuk Hindia) dan kata "nesos" (dari bahasa Yunani untuk Kepulauan) sehingga kata Indonesia dapat berarti Kepulauan Hindia.

(Sumber: Sejarah untuk SMP Kelas VIII, p94-95)

[Soal 106]

Judul yang paling sesuai untuk bacaan tersebut?

① Sejarah nama "Indonesia".

② Alasan dipakainya nama "Indonesia".

③ Alasan utama penggunaan istilah "Indonesia".

④ Arti istilah nama "Indonesia".

[Soal 107]

Kata "Indonesia" digunakan untuk menyebut ...

① Singapura dan Nusantara

② Nusantara dan Melayu

③ Indos-nesians dan Melayu-nesians

④ Wilayah Nusantara dan penduduknya

[Soal 108]

Pernyataan yang sesuai dengan teks di atas adalah ...

① Kata "Indonesia" sudah dipakai jauh sebelum abad ke 19.

② George Windsor Earl adalah orang pertama yang menggunakan istilah "Indonesia".

③ Seorang etnolog dari Singapura memakai nama "Indonesia".

④ Kata Indonesia adalah campuran dari bahasa Hindia dan Yunani.

[Soal 109-111]

Senam pilates selain dapat melatih keseimbangan tubuh, ternyata dapat juga dapat mengencangkan dan meratakan perut buncit. Tentu saja Anda harus rutin melakukan latihan senam pilates untuk mendapatkan hasil yang maksimal. Latihan ini cukup mudah dilakukan dan tidak memakan tempat seperti angkat beban, lari, dan olahraga lainnya. Anda hanya membutuhkan matras sebagai alas untuk melakukan senam pilates.

Ada satu pose yang dapat Anda ikuti dengan mudah. Pertama, ambil posisi berbaring telentang dengan kedua kaki lurus di lantai. Angkat kedua kaki lurus ke atas perlahan dengan diikuti kepala dan leher terangkat ke atas sekuat Anda. Lalu perlahan turunkan kaki dan kembali mengangkat kaki ke atas. Ulangi latihan ini 8-10 kali gerakan.

(Sumber: http://caramengecilkan-perutbuncit.blogspot.kr/2015/04/senam-pilates-untuk-meratakan-perut-dan.html)

[Soal 109]

Apa keuntungan berolahraga pilates menurut teks di atas?

① Dapat menunda keseimbangan tubuh.

② Dapat mengencangkan dan meratakan perut buncit.

③ Dapat memperoleh hasil maksimal tanpa harus senam rutin.

④ Dapat menggunakan alas apa saja untuk bersenam.

[Soal 110]

Bagaimana gerakan pilates yang dianjurkan dalam teks tersebut?

① Mengencangkan dan meratakan perut.

② Angkat beban, lari, dan berolah raga.

③ Cukup berbaring telentang dengan kedua kaki lurus.

④ Dalam keadaan berbaring lurus gerakkan kaki turun naik.

[Soal 111]

Apa pernyataan yang <u>kurang tepat</u> dengan teks tersebut?

① Senam pilates membantu melatih keseimbangan tubuh.

② Latihan senam pilates cenderung memakan tempat dan waktu.

③ Matras adalah alat yang dibutuhkan untuk melakukan senam pilates.

④ Pose dalam senam pilates yang dilakukan berulang dapat mengencangkan perut.

[Soal 112-114]

"Nutella Membangkitkan Antusiasme Anda" agaknya bukan sekadar slogan yang terdapat di botol yang dijual di Perancis. Karena produk olahan coklat asal Italia tersebut, beberapa supermarket di "Negeri Anggur" dilaporkan ricuh. Diwartakan BBC, Jumat lalu, semua berawal ketika Supermarket Intermarche memberikan diskon 70 persen untuk selai Nutella. Jika awalnya seharga 4,50 euro atau sekitar Rp 59.000, pembeli bisa mendapatkannya dengan harga 1,40 euro atau sekitar Rp 18.000.

Tak pelak, para pembeli saling berdesakan dan berebut untuk bisa membeli beberapa botol Nutella."Mereka seperti binatang. Saya melihat para perempuan harus terjambak rambutnya. Bahkan, tangan mereka ada yang berdarah. Mengerikan," ujar seorang pembeli kepada Le Progres.

Diberitakan The Sun, Perancis menjadi negara kedua setelah Jerman sebagai konsumen terbesar Nutella dunia. Setiap tahun, masyarakat Perancis mengonsumsi setidaknya 100 juta botol selai. Adapun Nutella total memproduksi 365.000 ton per tahun.

(Sumber: http://internasional.kompas.com/read/2018/01/26/13083861/gara-gara-nutella-supermarket-di-perancis-ricuh).

[Soal 112]

Apa ringkasan informasi yang terdapat dalam teks di atas?

① Nutella membangkitkan antusiasme dari para binatang.

② Beberapa perempuan membeli Nutella dengan cara menjambak rambutnya.

③ Diskon Nutella membuat para penggemarnya terlalu antusias.

④ Perancis memproduksi Nutella 365.000 ton setiap tahun.

[Soal 113]

Apa yang <u>kurang tepat</u> tentang produk Nutella menurut teks di atas?

① Merupakan produk dari Italia.

② Supermarket Intermarche memberi diskon sebesar 70%.

③ Jerman adalah negara konsumen terbesarnya di dunia.

④ Beberapa wanita merasa ngeri karena berdesakan dan berebut Nutella.

[Soal 114]

Bagaimana suasana yang digambarkan dalam teks tersebut?

① Gegap gempita

② Terang benderang

③ Gelap gulita

④ Kacau balau

[Soal 115-117]

Rendang Padang asli Minang merupakan salah satu hidangan asli nusantara yang telah termahsyur di mancanegara. Bahkan berdasarkan hasil pooling salah satu web berita asal Inggris, rendang Padang asli Minang pernah terpilih sebagai makanan terlezat sedunia!

Berikut adalah cara membuat rendang Padang asli khas Minang. Pertama, potong daging sapi dengan bentuk dadu atau seukuran yang diinginkan. Jangan memotong daging terlalu kecil agar saat dimasak nanti daging tidak hancur.

Tuangkan santan ke wajan berukuran besar, dengan serai, irisan bawang merah, asam dan daun kunyit. Aduk hingga santan mendidih. Setelah santan mendidih, masukkan perlahan bumbu yang telah dihaluskan dan aduk terus selama kurang lebih 20 sampai 30 menit.

Jika santan tampak berminyak, masukkan potongan daging dan masak dengan menggunakan api kecil/sedang hingga santan mengental dan mengering serta bumbu meresap ke pori-pori daging.

(Sumber: https://www.happyfresh.id/blog/resep-rendang-padang-asli-minang/)

[Soal 115]

Wacana tersebut membicarakan apa?

① Salah satu masakan tradisional dari Indonesia.

② Daging sapi dimasak dengan santan akan menjadi rendang.

③ Memasak rendang memerlukan waktu sekitar 20 sampai 30 menit.

④ Gunakan api kecil/sedang agar santan mengental dan mengering.

[Soal 116]

Berikut adalah bahan-bahan untuk membuat rendang, kecuali...

① Bawang merah

② Santan kelapa

③ Daun kunyit

④ Pori-pori daging

[Soal 117]

Kata-kata berikut ini bersinonim dengan kata 'termasyur' dalam teks di atas, kecuali ....

① tersohor

② dikenal baik

③ dinamakan

④ ternama

[Soal 118-120]

W: Wartawan
N: Narasumber

W: Faktor-faktor apa yang harus diperhatikan untuk merawat gigi agar terhindar dari hal-hal yang tidak diinginkan?

N: Faktor pengawasan orang tua sangat penting terutama pada masa balita. Ibu harus memperhatikan cara menyikat gigi dan menghilangkan kebiasaan jelek seperti mengisap jempol. Pada masa pergantian gigi susu yaitu usia 5-10 tahun, orang tua harus sering memeriksa gigi permanen anak sudah tumbuh atau belum. Pada orang dewasa faktor disiplin, keturunan, ras, gizi, dan kebiasaan sangat mempengaruhi kesehatan gigi".

W: Apa saja kerusakan gigi yang terjadi karena faktor makanan atau minuman?

N: Makanan yang manis seperti coklat dan lengket seperti dodol kalau tidak segera disikat atau kumur akan tertinggal dan menyebabkan kerusakan gigi. Juga minuman seperti teh, kopi, minuman ringan dapat menyebabkan warna gigi menjadi kusam dan kecoklatan".

(Sumber: Bahasa Indonesia SMP/MTs hal 129)

[Soal 118]

Apa tema utama dalam kutipan wawancara tersebut?

① Perawatan gigi anak dan dewasa.

② Anak-anak perlu pengawasan orang tua.

③ Makanan dan minuman mempengaruhi kesehatan gigi.

④ Gigi permanen pada anak harus selalu diperhatikan cara menyikatnya.

[Soal 119]

Pilihlah informasi yang tidak sesuai dengan kutipan wawancara di atas!

① Ada banyak faktor yang harus diperhatikan dalam perawatan gigi.

② Khusus untuk anak-anak, peran orang tua sangat diperlukan.

③ Untuk orang dewasa, gizi dan kebiasaan sangat berpengaruh pada kesehatan gigi.

④ Setelah mengkonsumsi makanan manis dan lengket sebaiknya segera mencabut gigi.

[Soal 120]

Jenis makanan berikut dapat menyebabkan gigi kusam, kecuali?

① Teh

② Susu

③ Kopi

④ Minuman ringan

[Soal 121-123]

Kemarin pukul 11.40 waktu setempat, pesawat kepresidenan Indonesia-1 mendarat di Bandar Udara Internasional Hamid Karzai, Kota Kabul. Hujan salju mengiringi momen Presiden Jokowi dan Ibu Negara Iriana turun dari pesawat. Pertemuan Presiden Jokowi dan Presiden Ghani begitu hangat seperti dua orang sahabat yang sudah lama tidak berjumpa.

Sebagai tanda persahabatan, Presiden Jokowi dan Presiden Ghani bertukar penutup kepala, usai rangkaian pertemuan bilateral. Jokowi menerima longi, topi panjang yang ujungnya menjuntai sampai 7 meter. Sementara, Ghani menerima peci hitam yang sebelumnya dikenakan Jokowi.

(Sumber: http://nasional.kompas.com/read/2018/01/30/13424461/enam-jam-jokowi-di-afghanistan)

[Soal 121]

Topik utama dalam wacana ini adalah ...

① Kunjungan Presiden Ghani yang disambut Presiden Jokowi.

② Kunjungan kepresidenan ke Indonesia oleh Presiden Ghani.

③ Kunjungan kepresidenan oleh Presiden Jokowi ke kota Kabul.

④ Persahabatan Presiden Ghani dan Presiden Jokowi ditandai dengan pertemuan bilateral.

[Soal 122]

Mana pernyataan yang sesuai dengan wacana di atas?

① Presiden Jokowi dan ibu negara melakukan kunjungan kepresidenan.

② Presiden Jokowi dan Presiden Ghani belum lama ini berjumpa.

③ Presiden Ghani memberi peci yang panjangnya 7 meter.

④ Cuaca pada hari pertemuan kedua presiden tersebut begitu hangat.

[Soal 123]

Yang dimaksud dengan 'bilateral' adalah....

① kenegaraan

② resmi

③ rahasia

④ dua belah pihak

[Soal 124-126]

Ini adalah cerita pengalaman pertamaku memakai layanan aplikasi Gojek. Waktu itu pulang acara buka bersama di Kota Kasablanka aku agak galau mau pulang naik apa, naik taksi pasti macet luar biasa, naik angkot aku sudah terlalu capek. Untungnya aku ingat bahwa waktu itu ada promo 10.000 (Ceban Ramadhan) untuk jarak sampai 25 km, jadi aku langsung mengunduh aplikasi Gojek.

Aku mencoba pesan Gojek via HP. Ternyata prosesnya cepat sekali, baru saja aku memesan, langsung dapat tukang ojek yang siap mengantar. Ketika bertemu aku langsung terkesan, bukan karena jaket seragam ataupun helmnya yang khas, tapi aku terkesan ketika sang ojek memberikanku helm lengkap dengan maskernya. "Dipakai maskernya ya Mbak, biar tetap sehat" ujarnya dengan ramah. "Ini gratis kok Mbak, standarnya Gojek pasti diberikan masker".

(Sumber: http://rumahinspirasi.com/pengalaman-menggunakan-gojek-dan-grab-bike/)

[Soal 124]

Bagaimana pendapat penulis tentang layanan yang disebut dalam teks di atas?

① Layanan tersebut perlu dikembangkan.

② Aplikasi layanan tersebut mengesalkan.

③ Pengalaman pertama menggunakan layanan itu mengesankan.

④ Petugas layanan tersebut melakukan proses dengan cepat.

[Soal 125]

Bagaimana cara memakai layanan tersebut dalam wacana?

① Melalui aplikasi telepon genggam.

② Melalui aplikasi pada Gojek.

③ Melalui masker sehat.

④ Melalui promo Ceban Ramadhan.

[Soal 126]

Kata-kata berikut bersinonim dengan kata 'galau' dalam teks di atas, kecuali...

① gelisah

② kacau

③ riang

④ risau

[Soal 127-129]

Presiden RI Joko Widodo mengatakan perguruan tinggi harus melakukan banyak inovasi. Jokowi mengatakan mahasiswa dan dosen bahkan harus mengubah rutinitas memasuki era revolusi industri 4.0. Jokowi mengatakan inovasi-inovasi baru membutuhkan fasilitas kampus untuk mendorong mahasiswa berinovasi. Beberapa cara yang bisa dilakukan misalnya menyediakan co-working space dan creative hub agar inovasi baru dapat dibiayai.

Jokowi mengatakan kampus harus dapat melakukan perubahan kurikulum baru dan cara riset penelitian yang dibenahi dan disesuaikan dengan perubahan. Ia meyakini kampus UI dapat melakukan terobosan baru dan inovasi baru dan menjadi contoh bagi perguruan tinggi lainnya. Menurutnya, UI dapat menjadi contoh dalam inovasi berorganisasi dan melahirkan SDM yang kompetitif.

(Sumber: https://news.detik.com/berita/d-3846174/jokowi-perguruan-tinggi-harus-inovatif)

[Soal 127]

Apa yang dinyatakan oleh Presiden RI menurut wacana di atas?

① Universitas perlu melakukan sejumlah pembaharuan.

② Mahasiswa dan dosen menginjak era revolusi industri 4.0.

③ Riset penelitian haruslah melahirkan SDM yang kompetitif.

④ Inovasi baru kampus UI menjadi teladan untuk perguruan tinggi lain.

[Soal 128]

Yang <u>bukan</u> reformasi yang perlu dilakukan menurut teks tersebut adalah...

① Inovasi contoh bagi perguruan tinggi lainnya.

② Pembenahan fasilitas kampus agar mahasiswa dapat berinovasi.

③ Merubah kurikulum kuliah sesuai dengan perubahan.

④ Menyesuaikan cara riset penelitian sesuai era yang baru.

[Soal 129]

Yang dimaksud dengan kata 'kompetitif' dalam teks di atas adalah...

① ragu berlomba

② enggan berkelahi

③ mampu bersaing

④ segan bertanding

[Soal 130-132]

Avast, perusahaan produk keamanan digital, memperkirakan akan ada kejahatan siber baru pada 2018. Ancaman yang diamati pada 2017 akan masih menjadi ancaman bagi bisnis, data pribadi dan privasi tahun ini. Mereka akan menyerang ponsel pintar dan perangkat IoT (Internet of Things).

Penjahat siber akan melancarkan lebih banyak serangan dengan ransomware, malware cryptomining dan fileless malware. Mereka juga akan menyerang layanan berbasiskan Blockchain. Serangan malware cryptomining, pencurian uang digital dan penipuan seputar uang digital akan meningkat seiring dengan kian populernya mata uang tersebut.

Bagi perangkat mobile dan pengguna yang sering mengunduh rooter dan aplikasi palsu menjadi ancaman terbesar pada 2017. Jumlah aplikasi palsu, trojan perbankan, dan ransomeware diperkirakan akan meningkat.

(Sumber: http://www.gatra.com/iltek/internet/305970-avast-serangan-berbasis-ai-pertama-akan-terjadi-di-2018)

[Soal 130]

Tulisan di atas menjelaskan tentang apa?

① Kejahatan yang sering terjadi di dunia internet.

② Penipuan dan pencurian uang digital.

③ Ancaman terhadap keamanan digital.

④ Akibat buruk mengunduh rooter dan aplikasi palsu.

[Soal 131]

Berikut adalah kejahatan siber menurut bacaan di atas, <u>kecuali...</u>

① Data pribadi dan privasi.

② Tersebarnya data pribadi.

③ Serangan menggunakan trojan perbankan.

④ Serangan melalui rooter dan aplikasi palsu.

[Soal 132]

Yang dimaksud dengan kata 'digital' dalam teks di atas adalah...

① Berhubungan dengan pemakaian internet.

② Berhubungan dengan penggunaan ransomware.

③ Berhubungan dengan aplikasi palsu dan trojan perbankan.

④ Berhubungan dengan angka-angka untuk sistem perhitungan tertentu.

[Soal 133-135]

Kuda merupakan salah satu hewan peliharaan. Binatang ini dapat dijumpai di berbagai daerah. Hal ini dilakukan karena kuda dimanfaatkan dalam pengangkutan orang dan barang selama ribuan tahun.

Kuda adalah salah satu jenis binatang mamalia. Hal ini dapat diketahui adanya daun telinga dan kelenjar susu yang dimiliki. Tidak heran jika di daerah tertentu kamu menyaksikan kuda menyusui anaknya.

Kuda termasuk binatang pemakan rumput. Dalam istilah biologi, kita menyebutnya sebagai binatang herbivora. Kuda dapat makan rumput dari tanah lapang dan dapat pula rumput yang khusus disediakan.

Umur kuda dapat dilihat dari giginya. Karena rumput yang dimakan oleh kuda mengandung pasir dan debu, gigi mereka lambat laun aus dan tingkat keausan ini menunjukkan umurnya. Kuda tidak mimiliki tulang selangka, suatu ciri yang memungkinkan mereka melangkah lebih lebar.

Ada satu lagi sifat menarik dari kuda, yaitu kuda tidur berdiri!

Tahukah kalian bagaimana mereka berusaha agar tidak jatuh? Itu karena tulang kaki mereka memiliki kemampuan untuk "mengunci" selama tidur. Berkat kemampuan yang Tuhan berikan pada kuda ini, mereka dapat tidur berdiri dan juga membawa beban berat.

(Sumber: https://brainly.co.id/tugas/3123172 / Sekolah Menengah Pertama Ppkn)

[Soal 133]

Hal yang disajikan dalam teks hasil observasi di atas adalah...

① jenis-jenis kuda

② ciri-ciri dan sifat kuda

③ manfaat kuda

④ kehebatan kuda

[Soal 134]

Hal yang <u>kurang tepat</u> sesuai dengan teks di atas adalah...

① Gigi kuda memperlihatkan umurnya.

② Kuda tidur berdiri dan duduk.

③ Kuda makan rumput yang khusus disediakan.

④ Kuda adalah binatang mamalia.

[Soal 135]

Paragraf yang menjelaskan ciri-ciri kuda adalah...

① Paragraf (1), (2), (3), (4)

② Paragraf (1), (3), (4), (5)

③ Paragraf (2), (3), (4), (5)

④ Paragraf (1), (2), (4), (5)

[Soal 136-137]

Survei Saiful Mujani Research & Consulting (SMRC) memperlihatkan 67% responden setuju pasangan Joko Widodo-Prabowo Subianto dimajukan di pemilihan presiden 2019.

"Di masyarakat ada semacam keinginan untuk menggabungkan Jokowi-Prabowo dalam satu paket. Pertanyaannya: apakah setuju Jokowi-Prabowo bersatu dalam satu pasangan. (Hasilnya) 67% setuju, mayoritas setuju, 28% tidak setuju," ungkap Djayadi Hanan, direktur eksekutif SRMC, hari Selasa (02/01).

Dari 67% yang setuju tersebut, sebagian besar menginginkan Jokowi sebagai presiden sedangkan Prabowo sebagai wakil presiden. Analis politik dari Centre for Strategic and International Studies (CSIS), Jakarta, Tobias Basuki, mengatakan paket ini sebenarnya sangat menguntungkan baik bagi Prabowo maupun bagi partai yang ia pimpin, Gerindra.

"Pasangan ini hampir pasti menang di 2019 dan di 2024 terbuka lebar bagi Prabowo untuk terpilih sebagai presiden," kata Tobias melalui sambungan telepon, hari Rabu (03/01).

Meski demikian, jika ingin realistis, paket Jokowi-Prabowo sebenarnya sulit diwujudkan. "Kecil kemungkinannya. Dari sisi umur misalnya, kalau Prabowo jadi wakil presiden dulu di 2019 dan menjadi presiden pada 2024, maka umurnya sudah jauh, belum lagi masalah kesehatan," kata Tobias.

(Sumber: http://www.bbc.com/indonesia/indonesia-42554665)

[Soal 136}

Bagaimana kecenderungan masyarakat menurut kutipan di atas?

① Joko Widodo-Prabowo Subianto sulit diwujudkan untuk disertakan dalam pemilihan.

② Mereka ingin menggabungkan paket pasangan untuk Jokowi-Prabowo.

③ Masyarakat setuju pasangan Jokowi-Prabowo maju dalam pemilihan presiden.

④ Karena usia Prabowo sudah terlalu tua, ia hanya bisa menjabat sebagai presiden.

[Soal 137}

Pernyataan yang sesuai dengan bacaan tersebut adalah...

① Djayadi Hanan berpendapat bahwa pasangan Jokowi-Prabowo perlu dipertanyakan.

② Tobias Basuki melakukan survei tentang setuju tidaknya masyarakat Jokowi-Prabowo dimajukan di Pemilu 2019.

③ Saiful Mujani menggabungkan Jokowi-Prabowo dalam satu paket agar menang dalam pemilihan presiden.

④ Tobias Basuki meragukan kemungkinan Prabowo menjadi presiden karena faktor usia dan kesehatan.

[Soal 138-140]

Memperingati Hari Tanpa Tembakau Sedunia yang jatuh pada 31 Mei, Indonesia justru mendapatkan kado kurang mengenakkan terkait permasalahan perilaku merokok masyarakatnya. Riset Kesehatan Dasar 2013 Kementerian Kesehatan RI menyatakan perilaku merokok penduduk usia 15 tahun ke atas masih belum terjadi penurunan dari 2007-2013, bahkan cenderung mengalami peningkatan dari 34,2% pada

2007 menjadi 36,2% pada 2013.

Selain itu, data riset tersebut juga menunjukkan bahwa pada 2013, sebanyak 64,9% warga yang masih menghisap rokok adalah berjenis kelamin laki-laki dan sisanya sebesar 2,1% adalah perempuan. Juga ditemukan bahwa 1,4% perokok masih berumur 10-14 tahun, dan sebanyak 9,9% perokok pada kelompok tidak bekerja.

Bahkan menurut penelitian terbaru dari Institute for Health Metrics and Evaluation (IHME), sebuah organisasi riset global di Universitas Washington, jumlah pria perokok di Indonesia meningkat dan menempati peringkat kedua di dunia dengan 57% di bawah Timor Leste 61%.

Persentase dari populasi yang merokok –atau juga dikenal dengan prevalensi– memperlihatkan penurunan, akan tetapi jumlah penikmat rokok di seluruh dunia telah meningkat seiring peningkatan jumlah penduduk.". Jumlah pria perokok di Indonesia telah meningkat sebanyak dua kali lipat sejak 1980, dan prevalensi pria perokok di Indonesia tercatat sebagai kedua tertinggi di dunia," tutur Menteri Kesehatan, Nafsiah Mboi.

(Sumber: http://lifestyle.bisnis.com/read/20140601/220/232021/jumlah-perokok-terus-meningkat-indonesia-tertinggi-kedua-di-dunia)

[Soal 138]

Apa pernyataan yang <u>kurang tepat</u> sesuai kutipan di atas?

① Jumlah perokok berusia 15 tahun di Indonesia cenderung mengalami peningkatan.

② Prevalensi berarti persentase populasi yang merokok.

③ Jumlah perokok di Timor Leste tidak sebanyak di Indonesia.

④ Menurut Menteri Kesehatan, prevalensi pria perokok di Indonesia adalah tertinggi kedua di dunia.

[Soal 139]

Berikut adalah ciri-ciri perokok di Indonesia, kecuali...

① Laki-laki
② Berusia remaja
③ Pengangguran
④ Mayoritas adalah wanita

[Soal 140]

Apa kesimpulan yang dapat ditarik dari wacana tersebut?

① Populasi perokok di Indonesia tercatat sebagai kedua tertinggi di dunia tetapi akan mengalami pengurangan.
② Menurut penelitian terbaru dari organisasi riset Universitas Washington, pria perokok di Indonesia akan mengejar posisi Timor Leste.
③ Hari Tanpa Tembakau Sedunia merupakan kado kurang mengenakkan bagi Indonesia karena masyarakatnya banyak merokok.
④ Prevalensi perokok Indonesia tercatat terbanyak kedua di dunia namun keadaan ini terlihat akan lebih memburuk.

UNIT 4

Lembar Rekaman Evaluasi Kecakapan Berbahasa Indonesia

Unit 4
Lembar Rekaman
Evaluasi Kecakapan Berbahasa Indonesia
(EKBI)

(음원 듣기 링크)
(Untuk Rekaman)

Soal Ujian Kemahiran Bahasa Indonesia

Jurusan Interpretasi dan Penerjemahan Bahasa Indonesia
Hankuk University of Foreign Studies
Ujian Kemampuan Mendengar

Bagian ini adalah untuk menguji kemampuan Anda memahami percakapan dalam bahasa Indonesia. Bagian ini terdiri dari tujuh bagian. Kita akan memulai dengan bagian pertama.

Bagian I

[1-10] Menyimak Pertanyaan & Jawaban
Pada bagian ini Anda akan mendengar pertanyaan atau pernyataan. Kemudian Anda akan mendengar tiga jawaban sebagai tanggapan pertanyaan atau pernyataan tersebut. Pilihlah jawaban yang paling sesuai untuk pertanyaan atau pernyataan itu. Dengarkan dengan baik karena soal

dan jawaban hanya akan dibacakan satu kali. Perhatikanlah bahwa soal dan jawaban tidak tertulis dalam lembar jawaban Anda.

Contoh, Anda akan mendengar:
Anda berasal dari mana?
① Saya bangun kesiangan.
② Saya dari Surabaya.
③ Saya merasa senang.
Jawaban yang paling sesuai adalah ②. "Saya dari Surabaya". Karena itu, Anda harus memilih ②. Sekarang kita mulai Bagian I dengan soal nomor 1.

[1-10] Tanya Jawab
Berikut ini adalah soal nomor 1 sampai 10. Dengarkan pertanyaan atau pernyataan yang diberikan. Kemudian dengarkan tiga kemungkinan jawaban. Setelah itu pilihlah satu jawaban yang paling sesuai dengan pertanyaan atau pernyataan tadi. Mari kita mulai dengan soal nomor 1.

[Soal 1]
Bagaimana kabarmu, Ani?
① Saya akan segera memberi kabar kepada Ani.
② Kabarnya hari ini cuaca akan panas.
③ Sudah lebih baik dari kemarin.

[Soal 2]
Kenapa kamu minum obat anti mabuk?
① Karena aku khawatir alkohol memabukkan.
② Karena aku sering mabuk bila berkendaraan.
③ Karena obat ini cocok untuk orang mabuk.

[Soal 3]

Bu, kata ibu guru besok kami akan berpiknik di Kebun Raya.

① Ibu akan menanam jagung di kebun.

② Kalau begitu, kamu perlu membawa bekal untuk makan siang.

③ Kami akan berpiknik bersama di kebun ibu guru.

[Soal 4]

Wah, Anda pandai sekali berbahasa Indonesia.

① Aduh. Tidak mungkin saya berbahasa Indonesia.

② Boleh. Saya memang suka sekali dengan budaya Indonesia.

③ Biasa saja. Saya baru belajar dua bulan.

[Soal 5]

Kenalkan. Ini Yunus. Teman yang saya ceritakan kemarin.

① Yunus bercerita tentang saya.

② Saya Yuli. Ternyata Anda lebih tinggi dari yang saya duga.

③ Temanmu berkenalan dengan Yunus kemarin.

[Soal 6]

Saya akan segera melaporkan hasil rapat ini kepada Pak Direktur.

① Mungkin Pak Direktur ikut dalam rapat.

② Maaf, tapi rasanya kita perlu membahas hasil rapat ini lebih lanjut.

③ Jangan. Pak Direktur akan melapor pada kita.

[Soal 7]

Mengapa kita masih belum berangkat juga?

① Jangan khawatir. Kita masih punya waktu.

② Biasanya pada hari raya, kita tidak perlu berangkat awal.

③ Sebentar lagi kita akan sampai di tujuan.

[Soal 8]

Ini kamar 303. Televisi di kamar saya tidak mau menyala dan air di kamar mandi juga bocor.

① Sekarang bukan jam kerja. Kami enggan membantu Ibu.

② Wah. Pak Deni belum selesai membersihkan kamar itu.

③ Maaf, Bu. Saya akan segera mengirim orang untuk mengurusnya.

[Soal 9]

Masa sih jaket ini cuma-cuma? Bahannya kelihatan mewah.

① Ya, betul. Kelihatannya mahal, tetapi ini cuma jaket.

② Kalau kamu tidak percaya, buktikan sendiri di toko itu.

③ Percuma kamu menerima jaket ini.

[Soal 10]

Mengapa tadi pagi Kak Santi marah-marah?

① Karena Santi tadi pagi sampai tepat waktu di kampus.

② Katanya adik yang nakal menumpahkan teh di kemeja barunya.

③ Santi bukan pemarah. Ia merasa bersalah.

Bagian II

[11-20] Dialog Pendek

Untuk setiap soal pada bagian ini Anda akan mendengar sebuah dialog antar dua orang. Dialog itu hanya diperdengarkan satu kali. Dengarkan dialog dengan cermat. Kemudian bacalah soal dan empat pilihan jawaban pada lembar jawaban Anda. Pilihlah salah satu jawaban yang paling tepat.

Contoh: Anda akan mendengar percakapan sebagai berikut:

Pria : Pak Deni tidak datang hari ini.

Wanita : Oh ya?

Pria : Ya, kamu tidak tahu bahwa dia dirawat di rumah sakit?

Wanita : Wah, saya baru tahu sekarang. Apa yang terjadi?

Sekarang Anda membaca pertanyaan: Apa tanggapan pria yang paling tepat?

① Kemarin dia malas makan siang.

② Waktu berangkat ke kantor, mobilnya menabrak pohon.

③ Pak Deni berkunjung ke rumah sakit.

④ Mungkin pemandangannya indah sekali.

Jawaban yang paling tepat untuk pertanyaan itu adalah ②. Karena itu Anda harus memilih jawaban ② dalam lembar jawaban Anda. Sekarang kita mulai bagian ini dengan soal nomor 11.

[Soal 11 & 12]

Pria : Maaf. Apakah saya bisa meminta daftar acara dan buku jurnal ini?

Wanita : Boleh, Pak. Sebelumnya boleh saya tahu nama Bapak?

Pria : Mengapa saya harus memberitahu nama saya?

Wanita : Karena hanya yang namanya terdaftar saja yang bisa mendapatkan buku jurnal.

[Soal 13 & 14]

Wanita : Apa saja bahan utama untuk penganan ini?

Pria : Bahan utamanya adalah singkong dan kelapa.

Wanita : Karena itu rasanya gurih dan manis, ya.
Ruangan itu untuk apa?

Pria : Oh, di situ pekerja kami membungkus penganan ini.

[Soal 15 & 16]

Pria : Sari. Tunggu dulu. Sebelum membuang bungkusan itu, baca dulu tulisan di tempat sampah itu.

Wanita : Apa maksudmu, Dino?

Pria : Lihat. Pada tempat sampah hijau tertera tulisan 'organik', sedangkan pada yang oranye tertulis 'anorganik'.

Wanita : Jadi maksudmu, aku harus membuang bungkusan ini di kotak sampah berwarna oranye?

(Disadur dari: Materi US/M dan Contoh Soal, p38)

[Soal 17 & 18]

Pria : Bu, nilai UTS saya rendah sekali.

Wanita : Ibu tahu, kamu memang harus lebih banyak berlatih. Ibu tidak bisa mengubah nilaimu.

Pria : Ya, Bu. Saya mengerti. Saya hanya ingin ikut pelajaran tambahan yang Ibu buka bagi mahasiswa yang nilainya kurang, Bu.

Wanita : Bagus kalau begitu. Kelas itu akan dimulai Jum'at ini. Pastikan kamu datang pada hari itu.

(Disadur dari Fokus UN 2017, p78)

[Soal 19 dan 20]

Wanita : Apakah Bapak sudah menerima email yang saya kirimkan minggu lalu?

Pria : Ya. Tetapi saya hanya membacanya sekilas saja. Bisakah Ibu menjelaskan isi email itu?

Wanita : Ya. Dalam email itu saya menanyakan apakah bahan yang kami pakai dalam produk kami termasuk halal.

Pria : Begitu ya. Terkait bahan-bahan halal, sebenarnya Ibu bisa langsung memeriksanya dalam buku panduan yang tersedia.

Bagian III

[21-30] Dialog Panjang

Untuk setiap pertanyaan dalam bagian ini Anda akan mendengar percakapan panjang antara dua orang. Dialog ini hanya akan diperdengarkan satu kali. Dengarkan dialog dengan seksama dan bacalah soal dan empat kemungkinan jawaban. Pilihlah salah satu jawaban yang paling tepat untuk menjawab soal yang ada.

[Soal 21 dan 22]

Wanita : Yudi! Yuk, nanti keburu malam. Kita harus cepat pergi ke perpustakaan kota.

Pria : Maaf, Ani. Tapi ibuku mendapat banyak pesanan. Jadi aku....

Wanita : Jadi, kamu harus membantunya? Kamu kan sudah janji. Kenapa kamu ingkar?

Pria : Sebenarnya aku ingin pergi ke perpustakaan untuk mencari informasi tentang tugas kita. Tapi ibuku tidak ada yang membantu. Apakah kamu bisa menunggu sampai aku menyelesaikan tugasku?

Wanita : Jelas tidak bisa. Perpustakaan akan tutup kalau kita berlambat-lambat. Kamu juga tahu kan bahwa tugas ini adalah tugas paling penting di semester ini.

Pria : Kalau begitu, aku akan coba membujuk ibu agar ia merelakanku pergi mengerjakan tugas.

(Disadur dari: Bank Soal Bahasa Indonesia, SMP/MTs, p 412-413).

[Soal 23, 24, dan 25]

Pria : Ibu kenal dengan Jeki?

Wanita : Yang mana? Oh, anak Pak Darmawan? Siapa yang tidak kenal dengan Jeki.

Pria : Jeki itu benar-benar mirip dengan ayahnya.

Wanita : Iya, Pak. Meskipun Jeki anak orang mampu, dia mau bermain dengan anak kita. Padahal mereka tahu kita ini orang tidak mampu.

Pria : Pak Darmawan itu sopan, baik, dermawan, juga tidak sombong,Bu. 10 tahun saya bekerja pada beliau, tidak pernah saya merasa direndahkan olehnya.

Wanita : Ya. Kemarin saja, Bu Darmawan sengaja mampir membawa sekotak kue. Katanya waktu belanja, dia teringat pada Tomo. Sampai terharu saya dibuatnya.

(Disadur dari: Bank Soal Bahasa Indonesia, SMP/MTs, p429)

[Soal 26 dan 27]

Wanita : Ada masalah apa dengan Cecep dan Billy?

Pria : Billy menyembunyikan sepatu Sari karena Cecep menyuruhnya. Jadi tadi Sari mencari-cari sepatunya yang hilang. Sari bertanya kepada semua temannya, tetapi tidak ada yang mengaku, termasuk Cecep dan Billy. Ketika Sari menuduh Cecep, Cecep berkata bahwa Billylah yang bersalah. Jelas Billy marah, karena Cecep yang menyuruhnya menyembunyikan sepatu Sari.

(Disadur dari: Erlangga Fokus UN 2017 IPS untuk SMA/MA, p45)

[Soal 28, 29, dan 30]

Pria : Jadi, bagaimana cara pemakaian cat rambut ini?

Wanita : Sebenarnya sangat mudah. Lebih mudah daripada cat rambut model lama. Cat rambut terbaru ini berbentuk busa. Tinggal disemprotkan ke telapak tangan dan membentuk busa. Kemudian busa itu dibalurkan pada rambut secara merata seperti ketika keramas. Jadi tidak perlu memakai sikat rambut seperti dulu. Kemudian tunggu 15 menit, lalu cuci rambut seperti biasa. Jangan lupa, waktu menggunakan cat rambut ini harus menggunakan sarung tangan.

Bagian IV

[31-50] Pernyataan Singkat

Pada soal berikut Anda akan mendengarkan teks singkat. Setelah mendengar setiap teks, Anda akan mendapatkan beberapa pertanyaan. Anda akan mendengarkan teks itu hanya satu kali saja. Pertanyaan tercantum dalam lembaran soal dan tidak dibacakan. Oleh karena itu, setelah mendengarkan sebuah teks, bacalah pertanyaan-pertanyaan beserta empat kemungkinan jawaban pada lembar jawaban Anda. Kemudian, tentukan jawaban yang paling tepat. Sekarang, marilah kita mulai dengan bagian IV dengan soal nomor 31.

[Soal 31-32]

Para penumpang yang terhormat. Kapten telah mematikan lampu tanda kenakan sabuk pengaman. Kami sarankan untuk tetap menggunakan sabuk pengaman selama dalam penerbangan. Kami juga mengingatkan bahwa merokok dalam penerbangan adalah melanggar peraturan.

Sesaat lagi, kami akan memulai penjualan barang-barang bebas pajak. Anda dapat membeli barang-barang tersebut saat ini, atau memesan barang-barang tersebut untuk penerbangan kepulangan Anda. Untuk penumpang yang akan pindah pesawat harus memeriksa dengan awak kabin kami untuk setiap larangan sebelum membeli cairan atau gel. Terima kasih.

[Soal 33-35]

Lukisan itu tergantung di sudut ruang tamu. Mata gadis dalam lukisan itu mengingatkanku kepada putriku yang cantik. Aku tidak tahu bagaimana nasibnya sekarang. Kurasa dia sangat bahagia. Aku menyesal telah meninggalkannya sendiri di depan pintu rumah itu. Dia sangat kedinginan. Sesungguhnya ingin kupeluk tubuhnya yang mungil sebelum aku pergi. Namun urung kulakukan karena nanti dia akan terbangun dan semakin memanja kepadaku.

Aku tak henti memandangi lukisan itu. Aku semakin terjun ke dalam mata gadis di lukisan itu. Seolah-olah itu adalah mata putriku, Karin. Lalu aku berpikir dan menyusur pandangan ke seluruh rumah ini. Aku tentu belum lupa, ini bukanlah rumah di mana aku terakhir meninggalkan Karin. Rumah itu tidak memiliki patung Dewi Sri di halaman depan. Ini bukan panti asuhan yang dulu kukunjungi.

(Sumber: Erlangga Fokus UN 2017 IPS untuk SMA/MA, p25).

[Soal 36-38]

Pada tanggal 22 Juni 2016, Jakarta akan memasuki usia 489 tahun. Perubahan wajah ibukota mulai terasa ke arah yang lebih baik. Sungai-sungai yang dulunya kotor dan bau, kini mulai tampak bersih dari sampah. Sejumlah sungai bahkan dijadikan tempat bermain anak-anak.

Pelayanan publik di ibukota pun terasa lebih baik. Mengurus izin usaha yang dulunya harus berhari-hari, kini bisa lebih cepat tanpa upeti. Demikian juga dengan pelayanan di bidang transportasi, seperti transjakarta, yang semakin menunjukkan perbaikan, mulai dari penambahan rute, penambahan jam operasional, hingga peremajaan bus.

Namun, di tengah-tengah perbaikan tersebut, masih nampak persoalan ibukota yang menunggu untuk diselesaikan. Mulai dari kemacetan, banjir, pemukiman kumuh, kemiskinan, dan persoalan sampah. Untuk mengatasi permasalahan tersebut, warga Jakarta tak bisa hanya mengandalkan upaya Pemprov DKI Jakarta. Diperlukan pula peran warga dalam menciptakan Jakarta yang lebih baik.

(Sumber: http://vik.kompas.com/jakarta489/).

[Soal 39-41]

Sebanyak 31 orang tewas dalam peristiwa kebakaran yang melanda sebuah rumah sakit, di Milyang, Korea Selatan, pada Jumat lalu. Sebelumnya, korban tewas dilaporkan sebanyak 15 orang dan lebih dari 40 orang terluka. Menurut penjelasan kepala pemadam kebakaran, Choi Man-Woo, dua orang perawat mengatakan bahwa mereka melihat api menyala di ruang gawat darurat. Namun, penyebab munculnya api belum diketahui.

Kebakaran terjadi pada pukul 07.30 waktu setempat. Dengan berupaya masuk ke dalam gedung karena asap yang tebal, petugas pemadam kebakaran berhasil mematikan api dalam waktu 1 jam 40 menit. Pihak berwenang menyatakan 38 orang telah dipindahkan, termasuk pasien. Mereka dipindahkan ke empat rumah sakit terdekat. Perdana Menteri Korea Selatan Lee Nak-Yeon meminta pemerintah setempat untuk memobilisasi semua sumber daya yang ada untuk menyelamatkan korban.

(Sumber: http://internasional.kompas.com/read/2018/01/26/08322631/kebakaran-rumah-sakit-di-korea-selatan-31-orang-dilaporkan-tewas).

[Soal 42-44]

Berikut ini adalah tiga cara bagi Anda yang ingin tahu strategi menabung dengan gaji pas-pasan. Hal pertama yang wajib dilakukan adalah mengatur anggaran pengeluaran bulanan. Anda hanya perlu membelanjakan uang untuk berbagai kebutuhan pokok dan juga yang tidak bisa tidak dipenuhi saja.

Kedua, tempatkan dana darurat sejak awal, sehingga tidak ada lagi alasan untuk mengganggu gugat sejumlah dana tabungan yang dimiliki. Ketiga, prioritaskan kegiatan menabung setelah gajian. Bukan belanja atau mencicil hutang, namun dana tabungan adalah hal pertama yang wajib Anda prioritaskan sesaat setelah gaji cair. Hal ini sangat penting untuk selalu diutamakan, supaya gaji tidak teralokasikan untuk kebutuhan lain. Jika Anda disiplin melakukan hal ini, maka setiap bulan Anda akan bisa memiliki sejumlah tabungan secara rutin.

(Sumber: https://www.cermati.com/artikel/strategi-miliki-tabungan-rp10-juta-meski-gaji-pas-pasan).

[Soal 45-47]

Perhatian kepada semua hadirin. Seminar Internasional Migrasi Bahasa Austronesia 2017 akan segera dimulai. Bagi hadirin yang masih berada di luar ruangan, dipersilakan untuk segera masuk ke dalam ruang seminar dan menempati tempat duduk yang telah disediakan. Silakan memeriksa nama yang telah ditempatkan pada setiap meja.

Diberitahukan juga bahwa acara seminar ini dilengkapi dengan interpretasi simultan. Bagi yang memerlukan, silakan meminta alat penerima atau receiver di bagian pendaftaran ulang. Untuk bahasa Inggris, saluran 1. Untuk bahasa Jerman, saluran 2. Untuk bahasa Cina, saluran 3. Untuk bahasa Korea, saluran 4. Untuk bahasa Arab, saluran 5. Jika alat penerima Anda tidak berfungsi, silakan angkat tangan Anda. Panitia akan segera mengganti alat penerima Anda.

[Soal 48-50]

Sumber daya alam adalah kekayaan alam, baik berupa benda mati maupun makhluk hidup yang terdapat di bumi, misalnya kayu, barang tambang, dan tanah yang berguna bagi manusia, baik secara langsung maupun tidak langsung. Ringkasnya sumber daya alam adalah semua kekayaan alam yang dapat dimanfaatkan oleh manusia untuk memenuhi kebutuhan hidupnya.

Sumber daya alam ada dua macam, yaitu yang dapat diperbaharui dan yang tidak dapat diperbaharui. Sumber daya alam yang dapat diperbaharui dapat pulih kembali secara alami ataupun melalui budidaya manusia. Contohnya adalah pertanian, perkebunan, dan kehutanan. Sementara sumber daya alam yang tidak dapat diperbaharui adalah jenis yang tidak dapat dimanfaatkan kembali atau bersifat sekali pakai. Misalnya minyak bumi, gas bumi, batu bara, besi, dan emas.

(Sumber: Erlangga Fokus UN 2017 IPS untuk SMA/MA p312-313).

Ini adalah akhir dari bagian Ujian Kemampuan Mendengar.

UNIT 5

Penerjemahan Pidato/ Presentasi Bahasa Indonesia

Unit 5
Penerjemahan Pidato/ Presentasi Bahasa Indonesia

A. Teks Kesatu

(Disadur dari: https://lifestyle.kompas.com/read/2020/03/10/100200020/berkat-digitalisasi-semua-aktivitas-kini-berada-di-genggaman)

1. Saya akan memulai presentasi saya pada hari ini dengan sebuah ilustrasi. Hari ini, hujan terus mengguyur kawasan Jakarta. Mia (25) yang sedang libur memilih tinggal di rumah sambil menonton serial drama Korea favoritnya.

2. Ketika sedang serius menonton, tiba-tiba handphonenya berbunyi.

3. Rupanya, Mia mendapat pesan pengingat untuk segera membayar tagihan internet yang akan jatuh tempo dua hari lagi.

4. Tanpa menunda, karyawan swasta itu langsung membuka aplikasi mobile banking di smartphone-nya dan menyelesaikan pembayaran tagihan dalam waktu tak lebih dari 5 menit.

5. Kejadian yang dialami Mia, tokoh ilustrasi di atas, merupakan gambaran dari kemudahan yang ditawarkan oleh digitalisasi dan kemajuan teknologi.

6. Berbagai aktivitas manusia yang tadinya dilakukan secara konvensional perlahan bergerak menuju era digital.

7. Ya, di era kemajuan teknologi seperti saat ini, digitalisasi di seluruh aspek kehidupan manusia merupakan sebuah keniscayaan.

8. Apalagi, saat ini lebih dari setengah masyarakat Indonesia telah terkoneksi dengan internet.

9. Menurut penelitian Digital 2020 yang dilakukan oleh HootSuite dan We Are Social, Indonesia memiliki 175,4 juta pengguna internet per Januari 2020.

10. Sementara itu, tingkat penetrasinya mencapai 64 persen.

11. Adapun, Indonesia telah mengadopsi teknologi informasi dan digital di hampir segala bidang. Beberapa di antaranya bahkan mengalami perkembangan yang sangat cepat.

12. Di bidang perbankan, digitalisasi menjadi suatu kebutuhan untuk menghadapi tantangan di era digital.

13. Menurut Presiden Direktur PT Bank Central Asia Tbk Jahja Setiaatmadja, digitalisasi dapat mendorong efisiensi dan kemudahan bagi bank maupun nasabah.

14. Bahkan, hasil riset McKinsey & Company pada 2019 mengungkapkan, Indonesia merupakan negara tercepat dalam mengadopsi teknologi perbankan digital.

15. Berkat digitalisasi, para nasabah bank semakin mudah bertransaksi.

16. Cukup mengaksesnya lewat aplikasi di smartphone, nasabah bisa mentransfer uang, cek saldo, membayar tagihan, hingga mengisi pulsa tanpa perlu repot pergi ke ATM.

17. Selain perbankan, adopsi e-commerce di Indonesia sebagai bentuk digitalisasi juga sangat cepat.

18. Dalam empat tahun terakhir pertumbuhan e-commerce di Indonesia mencapai 500 persen.

19. Fakta itu diperkuat dengan hasil riset yang dikeluarkan lembaga riset asal Inggris Merchant Machine pada 2018. Indonesia menjadi negara dengan pertumbuhan e-commerce tercepat, yakni sebesar 78 persen.

20. Kemunculan e-commerce pun perlahan mengubah kebiasaan belanja masyarakat Indonesia.

21. Jika dulu untuk berbelanja harus pergi ke pasar atau mal, sekarang bisa dilakukan sambil duduk dan menonton televisi di rumah.

22. Transportasi Digitalisasi yang satu ini cukup banyak mengubah pola mobilitas masyarakat Indonesia.

23. Kini pengguna transportasi umum dapat memantau jadwal keberangkatan hingga memesan tiket secara digital.

24. Contohnya, untuk memesan tiket kereta atau pesawat, calon penumpang dapat langsung membelinya lewat aplikasi atau website khusus.

25. Begitu juga dengan transportasi ojek dan taksi, tidak perlu lagi pergi ke pangkalan untuk mendapatkannya.

26. Perkembangan tersebut pun menciptakan sistem transportasi lebih baik.

27. Di sisi lain, dapat memberikan pengalaman perjalanan yang lebih baik, aman, dan nyaman bagi penumpang.

28. Di bidang hiburan, seiring dengan maraknya digitalisasi dan perkembangan teknologi selular, cara masyarakat menikmati hiburan pun turut berubah.

29. Hanya dengan menggunakan smartphone, masyarakat dapat mengakses berbagai jenis hiburan dengan mudah, seperti bermain game dan mengakses media sosial.

30. Bahkan, berkat kehadiran layanan streaming film digital, penggemar film dan serial pun dapat menonton film atau serial kesukaannya di mana saja dan kapan saja dari layar smartphone mereka.

B. Teks Kedua

1. Perekonomian negara manapun tak bisa lepas dari perkembangan ekonomi global.
2. Dalam banyak kasus, ekonomi suatu negara bergerak dalam lingkup ekonomi global.
3. Ini berarti bahwa kerjasama global sangat penting dalam ekonomi saat ini.
4. Berdasarkan pengertian tersebut dapat dikatakan bahwa kerja sama petani muda secara global bukan lagi merupakan pilihan, tetapi sudah menjadi suatu keharusan.
5. Jika kita perhatikan bidang pertanian dengan seksama, kita akan tahu bahwa pertanian adalah salah satu industri terpenting di negara mana pun.
6. Secara khusus, pertanian di Asia memainkan peran kunci tidak hanya untuk ekonomi tetapi juga pembangunan sosial.
7. Seperti yang kita ketahui bersama, negara-negara Eropa, Amerika Serikat, serta beberapa negara di Amerika Selatan memiliki surplus produk pertanian.
8. Itu dikarenakan negara-negara tersebut telah mengembangkan pertanian sebagai salah satu industri ekspor strategis.

9. Sementara, sebagian besar negara Asia malah mengimpor sejumlah besar produk pertanian untuk mendukung rakyat mereka dan industri pengolahan makanan yang terkait.

10. Hal ini menciptakan masalah sosial dan ekonomi yang serius di Asia.

11. Dalam masyarakat digital yang berubah dengan pesat, pertanian Asia mengalami kemunduran dibandingkan dengan negara-negara maju.

12. Amerika Serikat, Belanda, Belgia, dan negara maju lainnya telah mengembangkan teknologi pertanian untuk meningkatkan tidak hanya produktivitas tetapi juga kualitas.

13. Sebagai hasilnya, negara-negara itu menjadi lebih kompetitif di pasar global, sementara pertanian di Asia justru menjadi tergantung pada impor.

14. Generasi muda di Asia cenderung enggan masuk ke dunia pertanian karena mereka lebih tertarik pada bidang pekerjaan yang bagi mereka terkesan lebih modern.

15. Tanpa komitmen generasi muda untuk bidang pertanian, kita tidak dapat mengharapkan masa depan pertanian dan pangan negara akan mencukupi kebutuhan pangan kita.

16. Kita seharusnya tidak mendorong generasi muda ke dalam paradigma atau asumsi terhadap pertanian dewasa ini sebagai industri yang telah kehilangan tenaga kerja muda.

17. Kita harus berusaha semaksimal mungkin untuk mendukung para petani muda bagi masa depan mereka dan juga untuk masyarakat kita.

18. Sekarang saatnya kita memperbarui pikiran kita merevitalisasi pertanian dan menjadikannya sebagai salah satu mesin pertumbuhan untuk pembangunan ekonomi.

19. Untuk visi ini, kita harus membantu para petani muda agar dapat bekerja menggunakan teknologi tinggi.

20. Tanpa penerapan teknologi digital, pertanian akan menjadi industri yang semakin hilang.

21. Memang, pengembangan teknologi membutuhkan waktu. Penerapannya ke bidang pertanian juga membutuhkan waktu.

22. Inilah sebabnya mengapa kita membutuhkan kerjasama teknologi global untuk petani muda.

23. Untuk itu saya menyarankan untuk membentuk Pusat Kerjasama Teknologi Petani Muda Asia agar petani muda dapat bekerjasama dengan cara mereka sendiri secara kreatif dan inovatif.

24. Pusat Kerjasama Teknologi Petani Muda Asia akan memberikan kesempatan kepada petani muda untuk menggunakan imajinasi mereka sendiri.

25. Mereka akan dapat berbagi teknologi latihan mereka dalam jangka pendek.

26. Melalui pelatihan dan berbagi pengetahuan praktik, mereka akan dapat menciptakan teknologi yang lebih maju seperti pertanian digital cerdas dan pertanian perkotaan.

27. Untuk itu Indonesia dan Korea perlu memulai pekerjaan ini dan kemudian memperluasnya ke negara-negara Asia lainnya.

28. Mari kita dukung petani muda kita untuk dapat membuat pusat kerjasama teknologi mereka sendiri dan mewujudkan visi mereka untuk masa depan pertanian di Asia.

C. Teks Ketiga

(Disadur dari: https://idcloudhost.com/contoh-teks-pidato-singkat-terbaru-dan-terlengkap-untuk-topik-apapun/)

1. Assalamu'alaikum Wr Wb. Yang terhormat Bapak dan Ibu Guru, serta siswa-siswi yang saya cintai.

2. Pada siang hari ini, marilah kita panjatkan puji syukur kehadirat Allah SWT yang telah melimpahkan nikmatNya sehingga kita dapat berkumpul disini dengan keadaan sehat jasmani maupun rohani.

3. Seperti yang telah kita ketahui, ternyata jumlah pengguna narkoba di negara kita meningkat sangat tinggi. Karena lemahnya penegakan hukum di Indonesia para pengedar internasional dapat bekerja sama dengan warga negara Indonesia secara leluasa untuk menyebarkan obat-obat terlarang ini di negara kita.

4. Penyalahgunaan narkotika dan zat aditif sejenis ini tentu membawa dampak yang luas dan kompleks bagi kita semua.

5. Salah satu contoh dampaknya antara lain perubahan perilaku, gangguan kesehatan, menurunnya produktivitas kerja secara drastis, kriminalitas, dan tindak kekerasan lainnya.

6. Bapak/Ibu serta siswa-siswi sekalian, sebenarnya penyalahgunaan narkoba ini dapat sama-sama kita cegah melalui program-program yang telah banyak diadakan oleh pemerintah maupun lembaga sosial dan kelompok-kelompok sosial.

7. Mengikuti kegiatan-kegiatan sosial, tidak bergaul dengan pengguna atau pengedar narkoba, tidak mudah terpengaruh ajakan atau rayuan untuk menggunakan narkoba, perlu diajarkan secara luas.

8. Karena remaja lebih mudah dan rentan untuk mencoba-coba suatu hal yang baru, pengguna narkoba di negara kita pun didominasi oleh para remaja dan anak sekolah.

9. Selain kegiatan-kegiatan sebelumnya yang sudah saya sebutkan, sebenarnya pihak sekolah juga telah sering memberikan penyuluhan kepada para siswa tentang bahaya dan akibat dari penyalahgunaan narkoba.

10. Yaitu melalui diskusi yang melibatkan para siswa dalam perencanaan untuk intervensi serta seminar-seminar pencegahan penyalahgunaan narkoba di sekolah.

11. Program lain yang cukup penting adalah program waspada Narkotika dengan cara mengenali ciri-ciri siswa yang menggunakan narkoba, mewaspadai adanya tamu yang tak dikenal atau pengedar, dan melakukan razia dadakan.

12. Biasanya pengedar maupun pemakai di sekolah telah paham betul program-program di sekolah untuk pencegahan pengguna atau pemakai di sekolah, mereka tentu saja mengantisipasinya dengan sebaik yang mereka bisa.

13. Sepintar apapun kiat mereka, ibarat sepandai-pandai tupai melompat, akhirnya jatuh juga. Jurus-jurus jitu menghindari deteksi sekolah memang mereka kuasai, tapi mengingat sifat narkoba yang adiktif dan menuntut dosis yang lebih tinggi maka aktivitas mereka akan terkuak juga.

14. Untuk itu marilah kita hindari dan jauhi serta ikut memberantas penggunaan narkoba. Sekian pidato yang dapat saya sampaikan pada siang hari ini, apabila ada kesalahan dalam bertutur kata, saya mohon maaf.

15. Atas perhatiannya saya ucapkan terima kasih. Wassalamu'alaikum Wr. Wb

D. Teks Kempat

(Disadur dari: https://brainly.co.id/tugas/31887763)

1. Salam sejahtera bagi kita semua.

2. Terima kasih teman-teman sudah menyempatkan waktunya untuk datang ke ruangan ini. Dan terima kasih juga atas waktu dan tempat yang telah diberikan kepada saya.

3. Hari ini, saya ingin menyampaikan sebuah pidato yang berjudul pentingnya teknologi internet di zaman sekarang ini.

4. Di zaman sekarang, internet tentunya telah menjadi hal yang bisa dibilang paling banyak dilakukan. Kata 'internet' sudah tidak asing lagi bagi kita. Teknologi internet sudah mengalami kemajuan sampai saat ini. Dahulu internet jarang dipakai. Namun sekarang internet sudah banyak yang pemakainya.

5. Kemajuan teknologi internet karena adanya globalisasi. Dahulu internet hanya digunakan untuk bersosialisasi, sedangkan sekarang internet sudah bisa dipakai untuk membantu menyelesaikan pekerjaan.

6. Saat ini, internet sudah sering digunakan oleh masyarakat. Internet juga dibutuhkan oleh pelajar sampai dewasa. Dengan kata lain, internet juga dapat membantu pekerjaan

kita.

7. Internet tidak hanya digunakan untuk membantu pekerjaan, tetapi juga dapat digunakan untuk mencari informasi yang luas. Ternyata kegunaan internet dapat membantu kita untuk meringankan pekerjaan.

8. Seiring dengan perkembangan zaman, sekarang teknologi internet sudah sangat berkembang. Dahulu, teknologi internet hanya bisa menggunakan ponsel. Namun, sekarang internet sudah bisa menggunakan laptop ataupun komputer.

9. Sekarang anak-anak sampai dewasa pun sudah bisa menggunakan internet.

10. Di zaman modern ini internet sudah sangat sering digunakan. Manfaat internet ada banyak terutama dapat membantu menyelesaikan pekerjaan. Sekarang laptop, ponsel, dan komputer juga bisa digunakan untuk membuka internet.

11. Harapan saya, semoga teman-teman semua dapat menggunakan internet dengan sebaik-baiknya. Terima kasih teman-teman karena sudah mendengarkan pidato saya. Sekian dan terima kasih.

UNIT 6

Latihan Penerjemahan Dialog / Presentasi Bahasa Korea

Unit 6
Latihan Penerjemahan Dialog / Presentasi Bahasa Korea

Latihan Bagian 1

Soal 1

여자: 이거 좀 봐 주실래요? 옷에 포도 주스를 쏟았어요.

남자: 어디 좀 볼까요? 세탁하면 깨끗해질 거예요. 언제까지 해 드리면 돼요?

여자: 내일까지 해 주세요.

Soal 2

여자: 그동안 답답했는데 이렇게 며칠 여행을 떠나니 좋다.

남자: 내 말이 맞지? 그런 이유로 사람들은 자주 여행해야 한대. 여행을 하면서 잠시 일상에서 벗어나면 마음도 생각도 정리되니까.

여자: 그러게. 여행하면 스트레스도 풀리고 새로운 것을 발견할 수 있으니까. 다음에는 엄마 아빠도 모시고 여행하자.

Soal 3

남자: 스마트폰 사용자가 증가하면서 모바일 쇼핑 이용자 수 또한 급격히 상승한 것으로 나타났습니다. 사용자 중 20대와 30대가 가장 많이 이용하는 것으로 나타났습니다. 이들은 주로 인터넷 쇼핑과 음식 배달 앱을 사용한 것으로 조사되었습니다. 아직까지 컴퓨터로 쇼핑을 하는 사람들이 있지만 앞으로 모바일 쇼핑 이용이 더 늘 것으로 예상됩니다.

Latihan Bagian 2

Soal 1

남자: 어서 오세요. 어디로 모실까요?

여자: 남대문시장에 가려고요. 그런데 아저씨, 제가 조금 급해서 그런데, 6시까지 도착할 수 있을까요?

남자: 지금 퇴근시간이어서 길이 막히는 시간이에요. 비까지 와서 그 시간까지는 어려울 것 같은데요.

Soal 2

여자: 요즘 많은 사람들이 집에서 과일청을 많이 만든다고 해요. 만드는 방법도 쉽고 간단해서 저도 만들어 보았어요.

남자: 직접 집에서 만든 거라 파는 것보다 건강에 좋겠네요.

여자: 네. 재료가 좋아서 맛까지 좋아요.

Soal 3

여자: 외국어를 어렸을 때부터 배우면 효과가 있다고 하는데요. 저는 아이들에게 학습 부담감과 스트레스만 주지 않을까 생각해요. 조기 외국어 학습에 대한 찬반 의견이 팽팽하다고 하는데, 선생님은 이에 대해 어떻게 생각하세요?

남자 : 저는 조기 외국어 학습을 긍정적으로 생각하는 입장이에요. 하지만 몇 살 때부터 아이에게 외국어를 가르쳐야 하는지는 부모가 꼭 고민해야 하는 문제라고 생각해요. 외국어를 가장 효율적으로 배울 수 있는 '내 아이만의 적기'를 찾아야 한다는 것이죠. 모국어 습득 속도에 개인차가 있듯이 외국어 학습의 시작 시기도 아이마다 다를 수밖에 없다는 의미인데요. 부모는 아이를 관찰해서 아이가 외국어에 관심을 보이는 시기에 학습을 시작하면 됩니다.

Latihan Bagian 3

Soal 1

여자: 팀장님, 제가 몸이 좀 안 좋아서 오늘은 출근하지 못할 것 같습니다. 죄송합니다.

남자: 그렇군요. 어제부터 좀 안 좋아 보이더니. 괜찮습니다. 병원은 갔다 왔나요? 약 먹고 푹 쉬세요.

여자: 양해해 주셔서 감사합니다. 조금 이따가 병원에 가보려고요. 내일은 꼭 출근하도록 하겠습니다.

Soal 2

여자: 중고 가게에서 가구를 사 가기도 한다면서? 침대를 팔까 하는데 어떻게 하면 돼?

남자: 먼저 침대 사진을 찍어서 가게 홈페이지에 올리고 어느 회사 제품인지도 써 놔. 그럼 가게에서 연락이 올 거야.

여자: 그러면 침대는 내가 갖다 줘야 돼?

남자: 아니, 가게에서 사람들이 와서 가져갈 거야.

Soal 3

여자: 버려지는 종이로 예술 작품을 만드신다고 들었습니다. 이런 작품 활동을 하시는 데에는 이유가 있을 것 같은데요.

남자: 버려지는 종이를 재료로 쓰는 것은 작품에 메시지를 담고 싶기 때문입니다. '일회용품을 사용하지 맙시다.'라는 말을 듣고 실천으로 옮길 사람이 얼마나 될까요? 하지만 버려지는 종이로 만든 작품을 보고 환경 문제에 대해 깨닫는 사람이 훨씬 많을 겁니다. 그럼 결국 환경에 관심이 없던 사람도 자연스럽게 환경 문제를 인식하게 되겠지요. 이런 방법은 환경을 보호하자고 말하는 것보다 더 큰 힘을 가지고 있다고 생각합니다.

Latihan Bagian 4

1. <코리아와 놀자>에 참여해 주신 모든 분들, 반갑습니다!

2. 와~ 정말 많은 분들이 모여주셨군요! 저는 지금 '비대면 화상 스튜디오'에서 인사를 드리고 있는데요. 요즘 같은 팬데믹 상황에도 전 세계 수많은 사람들이 한자리에 모일 수 있어서 좋기도 하지만, 이런 방법이 아직은 낯설기도 합니다.

3. 저도 좀 전에 여러분처럼 한 번 접속해 봤어요. 쉽지 않더라고요~ 그래서 여러분이 지금 제대로 시청하고 계신지! 불편함은 없으신지! 제가 다시 한번 확인해 드리겠습니다.

4. 자, 우선 노트북 카메라나 웹캠은 다 켜두고 계시죠? 그래야 여러분 얼굴이 제대로 보이니까 중간에 꺼지지 않게 잘 확인해 주시면서~ 시선은 카메라를 향해 바라봐 주세요!

5. 화면이 제대로 작동하고 있는지, 지금 미리 체크 부탁드립니다. 만약, 화면에 영상이 보이지 않으면 이 테스트를 끝낸 후, 카메라와 연결 장치를 꼼꼼히 확인해 주시거나 카메라를 다시 설정해 주시기 바랍니다!

6. 그리고 카메라는 여러분이 사용하는 모니터 위, 눈높이와 비슷한 위치에 설치해 주세요. 카메라가 너무 낮은 위치에 있으면 엄청난 일이 생깁니다!!! 여러분, 각도의 중요성 아시죠?

7. 이런 느낌으로 하시면, 여러분 얼굴이 아주 이상한 모습으로 전 세계에 알려지게 됩니다. 그러니 다시 한번, 본인의 카메라 위치를 확인해 주시기 바랍니다.

8. 그리고 행사가 진행되는 동안 여러분의 목소리는 음소거 될 예정입니다. 혹시 질문이 있으시면, 채팅창을 통해서 말씀해 주시면 됩니다!

9. 곧 시작될 <코리아와 놀자>는 실시간 라이브로 중계되기 때문에 '틱톡 K-NOLZA 계정'이나 '유튜브 K-NOLZA 공식 계정'으로 접속하면 전 세계 어디서든지 함께 즐기실 수 있습니다.

10. <코리아와 놀자>를 더 재미있게 즐기는 법도 익히고, '한국'에 대한 여러 가지 흥미로운 이야기도 나누고, 깜짝 퀴즈를 통해 선물도 많이 많이 받아 가시기 바랍니다. 마음껏 웃고, 신나게 춤추면서 즐기는 시간을 준비했으니, 저와 끝까지 함께 해주세요! 감사합니다!

Latihan Bagian 5

1. 안녕하십니까? 저는 대학에서 심리학을 전공했지만, 농촌으로 돌아와 버섯 농사를 6년째 하고 있는 예주진입니다. 현재 23동의 비닐하우스(Plastic Greenhouse)에서 버섯을 재배하는데, 1년 매출이 8억 정도 (70만 달러) 됩니다.

2. 저는 디지털 환경에서 태어나 디지털 기기와 함께 놀면서 성장했습니다. 부모님 세대와 달리 어려서부터 다양한 방법으로 글로벌 환경을 경험해왔습니다. 또한 휴대폰을 이용해 늘 국내외 친구들과 생각과 아이디어는 물론 일상생활을 공유하고 있습니다. 그래서 생활이 재미있습니다.

3. 디지털 시대에서 성장한 우리에게는 꿈이 있습니다. 청년 농업인들이 함께해서 기술을 공유할 수 있다면, 그리고 서로 도울 수 있다면, 우리는 함께 더 크게 성장할 수 있습니다. 우리는 관련 기관의 조그마한 도움도 없이, 우리 스스로 아시아 국가 청년 농업인들과 교류를 시작했습니다.

4. 우리는 농업에 대하여, 또 새로운 첨단 농업 기술에 대하여 많은 이야기를 나누고 생각을 공유해왔습니다. 우리는 함께 기술을 공유하고 시장을 공유하면 더 빠르게, 더 크게 성장할 수 있음을 확인했습니다.

5. 이제 우리는 국회, 정부, 연구기관들이 우리를 적극적으로 지원해야 한다고 생각합니다. 그런 뜻에서 한국, 일본, 인도네시아, 말레이시아, 베트남의 여러 나라 친구들이 함께 참석한 이 포럼은 아시아 청년 농업인들이 새 출발을 알리는 순간입니다. 가슴이 뛰는 순간입니다.

6. 함께 사회를 맡은 동료 도진형씨를 소개합니다. 진형씨 소개 부탁드립니다.

7. 안녕하세요. 저는 28세의 농업인 도진형입니다. 대학에서 정치학을 전공하였지만 딸기 농사를 시작한 지 5년 되었습니다. 현재 연 매출 1억 5천 정도로 농업에 대한 꿈을 가꾸어 나가고 있습니다. 오늘 내외 귀빈을 모시고 청년농업인과 함께 포럼을 사회를 진행하게 되어 영광입니다.

8. 먼저 국민의례가 있겠습니다. 참석하신 분들은 잠시 자리에서 일어나 단상의 국기를 향해 주시기 바랍니다. 애국가 제창이 있겠습니다. 내외 귀빈 여러분들과 참석자들은 일어서 주시길 바랍니다.

UNIT 7

Latihan Penerjemahan bidang Pariwisata

Unit 7
Latihan Penerjemahan bidang Pariwisata

Pada bagian ini, kita akan mencoba melakukan kegiatan interpretasi di bidang pariwisata. Kegiatan yang akan dilakukan pada bagian ini bukanlah untuk menjadikan Anda sebagai pemandu wisata atau *guide*. Tujuan utamanya adalah untuk mengetahui bagaimana cara membantu menerjemahkan seseorang yang memandu untuk tur, dari tur wisata hingga tur pabrik. Jadi di sini, fungsi Anda adalah sebagai seorang interpreter.

Semua penyelenggara tur tentunya ingin tur yang disiapkan dapat berjalan dengan baik. Mereka juga ingin agar semua pengunjung bisa mendapatkan semua informasi yang diperlukan. Oleh karena itu, penyelenggara tur selalu membuat daftar acara sebaik-baiknya. Selain dari memperkenalkan tempat-tempat yang akan dikunjungi, mereka juga perlu memperkenalkan hidangan-hidangan istimewa yang akan disantap oleh tamu mereka.

Berikut ini telah disediakan rencana wisata ke Korea selama 5 hari 3 malam. Bayangkanlah Anda sebagai seorang interpreter yang akan membawa tamu dan membantu mereka selama berwisata di Korea. Perhatikanlah dengan baik tempat-tempat yang akan dikunjungi dan kemungkinan kegiatan apa saja yang dapat dialami oleh pengunjung. Karena dengan demikian, Anda dapat mempersiapkan kalimat-kalimat apa saja yang dapat Anda gunakan.

Wisata Korea 5 Hari 3 Malam

Tanggal : 22 Februari, 5 Maret, 15 April, 1 Mei

Daftar Acara / Itinerary

HARI 01 : SURABAYA – INCHEON (Meals on Board)
(CX 780 SUBHKG 0830-1420 + CX 412 HKGICN 0055-0525)
Pengunjung akan berkumpul di Bandara kemudian akan terbang menuju Incheon.

HARI 02: INCHEON – NAMI ISLAND – MT. SORAK (-/L/D)
Pada hari kedua, pengunjung akan tiba di Incheon langsung diajak menuju **STRAWBERRY FARM** kemudian berlanjut ke **NAMI ISLAND – WINTER SONATA SHOOTING LOCATION,** dan **THE GARDEN OF MORNING CALM**. Tur berlanjut ke Gunung Sorak. Pengunjung bermalam di sini.

HARI 03 : MT. SORAK –SEOUL (B/L/-)
Pagi hari ketiga, semua mengunjungi **MT. SORAK NATIONAL PARK**, menggunakan **CABLE CAR** (ada perubahan sewaktu-waktu sesuai dengan cuaca) menuju **GWONGEUMSEONG FORTRESS**, dan juga melihat **GRAND BRONZE BUDHA** dan **Sinheungsa Temple** , transfer ke Seoul, diajak ke **SEOUL TOWER** (Photostop

dan Love Lock) serta berbelanja/shopping di **DONGDAEMUN MARKET**

HARI 04: SEOUL (B/L/-)

Hari keempat adalah wisata full city tour Seoul, mencoba membuat **KIMCHI** dan berfoto menggunakan baju **HANBOK, GYEONGBOK PALACE, NATIONAL FOLKLORE MUSEUM** melewati **BLUE HOUSE,** belanja di **LINZHI MUSHROOM SANTE KOREA, GINSENG CENTER, COSMETIC SHOP.** Pada malam hari, pengunjung diberi waktu bebas untuk berbelanja di **MYEONGDONG STREET**

HARI 05: INCHEON – SURABAYA (B)

(CX415 ICNHKG 0840-1125 + CX781 HKGSUB 1345-1740)

Pagi kelima, pengunjung akan diantar ke bandara untuk penerbangan kembali ke tanah air.

Cobalah gunakan jadwal acara wisata di atas untuk mempersiapkan diri sebagai seorang interpreter!

Contoh Skrip 1: Dari Bandara → Pulau Nami

Contoh A	
안녕하세요. 저는 오늘부터 4박 5일 여러분을 안내할 가이드 이소라입니다.	Selamat pagi. Saya akan memandu ibu-ibu dan bapak-bapak selama 5 hari 3 malam. Nama saya Sora Lee.
제가 실은 일본어 가이드로 오래 일했지만 인도네시아 가이드는 오래되지 않았습니다.	Sebenarnya saya sudah lama bekerja sebagai pemandu wisata untuk wisatawan Jepang dan belum lama menjadi pemandu wisata untuk wisatawan Indonesia.
그래서 인도네시아어가 능숙하지 않습니다. 그러나 여러분의 이번 한국 여행이 재미있도록 노력하겠습니다.	Jadi saya belum lancar berbahasa Indonesia. Tetapi saya akan semangat berusaha untuk membuat tur ini menarik bagi ibu-ibu dan bapak-bapak.
지금부터 남이섬으로 이동하겠습니다. 이동시간은 약 2시간입니다.	Sekarang kita akan pergi ke pulau Nami. Dari sini memakan waktu kira-kira 2 jam.
그럼 이번 투어의 일정을 설명하겠습니다. 첫날 남이섬을 2시간 정도 관광으로 점심 식사로 닭갈비를 드실 겁니다. 닭은 아얌이고 갈비는 구이라는 의미를	Hari pertama di Pulau Nami, kita akan berjalan-jalan sekitar 2 jam, lalu makan siang. Menunya dakgalbi. Dak artinya ayam, galbi artinya daging bakar. Rasanya sedikit pedas. Setelah makan siang, kita akan

갖고 있습니다. 조금 맵습니다. 점심 후 설악산으로 이동합니다. 식당에서 설악산까지 2시간 정도 걸립니다. 설악산 구경한 후 호텔 체크인을 할 것입니다. 호텔에서 잠시 휴식을 하시고 저녁을 먹기 위해 다시 모이겠습니다. 계속 스케줄을 말해도 여러분들이 잊어버리시기 때문에 나중에 다시 나머지 스케줄을 설명하겠습니다.	berangkat ke Gunung Sorak. Dari restoran ke Gunung Sorak makan waktu kira-kira 2 jam. Setelah melihat-lihat Gunung Sorak, kita akan cek-in di resor. Kita akan beristirahat sebentar di resor, kemudian kita akan berkumpul lagi untuk makan malam. Saya mau jelaskan lebih lanjut jadwal kita, tapi ibu-ibu bapak-bapak akan lupa lagi. Jadi saya akan menjelaskannya lagi nanti.
여러분이 도착하신 인천공항에 대해 설명하겠습니다. 인천공항은 2001년에 세워진 공항입니다. 인천공항은 수심 1미터의 바다와 섬을 메꿔서 만든 공항입니다. 지금 우리가 달리고 있는 이 다리는 영종대교입니다. 영종대교는 길이가 4.4km입니다. 2중 교량으로 되어 있습니다.	Saya akan menjelaskan tentang bandara Incheon, tempat ibu-ibu dan bapak-bapak mendarat tadi. Bandara Incheon dibangun pada tahun 2001. Bandara ini dibangun dengan cara menimbun tanah pada kedalaman laut 1 meter untuk menghubungkan laut dan pulau. Sekarang kita sedang melewati jembatan Yeongjong. Panjang jembatan Yeongjong kira-kira 4,4 km. Jembatan ini berlantai 2.

Contoh B	
여러분 안녕하세요.	Selamat siang saudara-saudara.
저는 리아투어 가이드 '아구스'라고 합니다. 오늘 여러분들을 만나 뵙게 되어 많이 기쁩니다.	Saya Agus, pemandu wisata dari Ria Tour. Saya senang sekali bertemu dengan Anda sekalian.
오늘부터 4박 5일 동안 전 일정을 저랑 같이 진행합니다. 돌아가실 때까지 기억에 남은 여행이 되시길 바랍니다.	Mulai hari ini, bapak dan ibu akan berwisata dengan saya selama lima hari empat malam. Saya harap, bapak dan ibu dapat kembali ke tanah air membawa kenangan manis.
서울 날씨는 반둥 날씨와 비슷합니다. 그리고 환전은 모두 하셨습니까?	Cuaca Seoul mirip dengan cuaca di Bandung. Dan apakah bapak dan ibu semua sudah menukar uang?
남이섬은 한국 드라마 겨울연가 촬영 장소로 유명하고 춘천은 닭갈비로 유명합니다.	Pulau Nami terkenal sebagai tempat pengambilan drama Winter Sonata dan Chuncheon terkenal dengan Dakgalbi atau ayam bakar.
서울에서 남이섬까지 2시간 정도 걸립니다.	Dari Seoul sampai Pulau Nami makan waktu kira-kira 2 jam.
가시는 중에 불편한 점이 있으시면 언제든지 말씀해 주세요.	Jika ada keluhan, silakan beritahu saya kapan saja.
여러분 안전을 위해서 안전벨트를 부탁합니다.	Untuk keamanan bapak dan ibu, silakan mengenakan sabuk pengaman.

Contoh Skrip 2: Pulau Nami → Makan Siang

남이섬 어떠셨습니까?	Bagaimana tadi di Pulau Nami?
좋은 추억 만드셨나요?	Sudah membuat kenangan manis?
겨울 연가에 배용준과 최지우처럼 사진 많이 찍으셨나요?	Apakah ibu dan bapak banyak berfoto seperti Bae Yongjun dan Choi Jiwoo dalam drama Winter Sonata? Bagus!
시장하시죠?	Sudah lapar, kan?
지금부터, 점심 먹으러 갈 겁니다. 식당까지 약 40분 걸립니다. 메뉴는 닭갈비입니다. 닭은 아얌이란 뜻입니다. 이 음식은 인도네시아의 아얌고랭과 비슷합니다.	Sekarang, kita akan pergi ke restoran untuk makan siang. Sampai ke restoran memakan waktu kira-kira 40 menit. Menunya Dakgalbi. 'Dak' artinya ayam. Makanan ini hampir sama dengan ayam goreng di Indonesia.
닭갈비 요리 방법은 닭고기와 여러 가지 야채를 볶은 것입니다. 커다란 프라이팬에 닭고기 양배추 고구마 양파 대파 등등 고추장을 넣어서 골고루 볶으면 됩니다. 한 프라이팬은 4인분입니다.	Cara masak Dakgalbi adalah dengan menggoreng daging ayam bersama sayur-mayur di penggorengan besar. Daging ayam digoreng dengan kol, ubi, bawang merah, daun bawang, dan dicampur dengan sambal Korea Gochujang. Satu wajan besar cukup untuk 4 orang.
먹는 방법은 정해져 있지 않습니다. 좋아하는 대로 드시면 됩니다. 보통은 닭고기를 상추에	Tidak ada cara makan yang khusus. Ibu dan Bapak bisa makan sesukanya saja. Biasanya daging ayam dibungkus

싸서 먹습니다.	dengan sawi hijau kemudian dimakan.
닭갈비를 거의 다 먹었을 때 밥과 참기름을 볶아서 먹을 수 있습니다. 반찬 김치는 리필 가능하지만 음료수는 지불해야 합니다.	Kalau daging ayam sudah hampir habis, masukkan nasi, minyak wijen dan digoreng. Lauk pauk dan kimchi bisa diisi ulang gratis. Tetapi minuman harus dibayar. Selamat makan.

Contoh Skrip 3: Wisata Gunung Sorak

점심은 맛있게 드셨나요?	Bagaimana makan siang tadi? Cocok di lidah?
지금부터 설악산까지 약 2시간 걸립니다.	Sekarang kita akan menuju ke gunung Sorak. Kira-kira makan waktu 2 jam.
한국에는 국립공원이 21개가 있는데, 그중에서도 설악산이 가장 유명합니다. 한국 사람이라면 한 번은 꼭 가보고 싶은 곳입니다.	Di Korea ada kurang lebih 21 buah taman nasional. Gunung Sorak adalah yang terkenal di antaranya. Bagi orang Korea, Gunung Sorak adalah tempat wisata yang paling ingin dikunjungi.
높이 1708m. 한국에서 3번째로 높습니다. 1982년 한국에서 최초로 세계생물권보존지역으로 지정되었고	Dengan ketinggiannya 1708 meter, Gunung Sorak adalah gunung tertinggi ketiga di Korea. Pada tahun 1982, gunung ini ditetapkan sebagai Wilayah Konservasi Ekosistem Dunia yang pertama di

	Korea.
4계절 아름답고 특히 여름에는 해수욕장이 유명해서 관광객이 많습니다.	Gunung Sorak selalu indah pada setiap musim. Terutama di musim panas, selalu ramai oleh wisatawan yang ingin berenang di pantainya yang terkenal.
가을에는 단풍이 아름답고 동시에 산과 바다를 즐길 수 있는 곳입니다. 우리는 케이블카 탈 예정입니다. 편히 쉬세요.	Di musim gugur, pohon maple menjadi sangat cantik, dan wisatawan dapat menikmati gunung dan laut sekaligus. Nanti di sana, kita akan naik kereta gantung. Sekarang, silakan istirahat dulu.

Contoh Skrip 4: Wisata N-Tower

오늘은 어떠세요 여러분? 좋으시죠?	Bagaimana kabarnya hari ini Ibu-Ibu Bapak-Bapak? Baik-baik saja, kan?
지금부터 서울타워로 가겠습니다. 이 타워는 남산 위에 위치하고 있어 서울 어느 곳에서나 볼 수 있습니다.	Sekarang kita akan menuju ke N Seoul Tower. Tower ini terletak di puncak gunung Namsan sehingga kita bisa melihat seluruh kota Seoul.
서울타워 가는 방법은 세 가지가 있습니다. 즉 첫째 도보로 둘째 케이블카를 타고 셋째 버스를 타고 가는 것입니다.	Cara pergi ke N Seoul Tower ada tiga, yang pertama berjalan kaki, yang kedua naik kereta gantung dan yang ketiga naik bus.

서울타워는 1969년 TV,라디오 전파탑으로 세워졌습니다. 그 후 1980년 일반인에게 공개되었고 2005년 새로운 소유주가 된 CJ회사는 리뉴얼 공사를 실시했습니다. 타워의 높이는 236m입니다. 타워 내에는 전망대와 여러 시설들이 있습니다. 그 중 하나는 회전 레스토랑인데 한 바퀴 도는데 1시간 40분이 걸립니다. 타워가 있는 곳에서 사랑의 열쇠라는 이름의 벽에 걸린 많은 자물쇠를 발견할 수 있습니다. 커플들은 서울 타워에 올라 울타리에 영원히 함께 하기 위한 사랑의 표시로 자물쇠를 겁니다. 이 자물쇠는 기념품 가게에서 판매하고 있으니 한번 해보세요. 또한 서울 타워는 드라마 촬영 장소로도 자주 사용되었습니다. 예를 들면 꽃보다 남자, 별에서 온 그대 등등. 우리는 서울타워는 올라가지 않습니다. 그러나 타워 아래서도 충분히 전망을 즐길 수 있습니다.	N Seoul Tower dibangun sebagai pemancar TV dan radio pada tahun 1969. Lalu dibuka untuk orang-orang umum pada tahun 1980, kemudian pada tahun 2005 perusahaan CJ yang menjadi pemilik barunya melakukan perubahan besar dengan merenovasi fasilitasnya. Ketinggian Tower ini mencapai 236m. Di dalam Tower ada observatorium dan berbagai fasilitas, salah satunya restoran yang berputar. Makan waktu 1 jam 40 menit untuk satu putaran. Di dalam area Tower terdapat banyak gembok yang tergantung di pagar bernama 'Gembok cinta'. Para pasangan menaiki Seoul Tower lalu memasang gembok dengan harapan cinta mereka akan abadi. Gembok cinta tersebut dijual di toko suvenir, coba gantung gembok, ya. Seoul Tower juga sering digunakan sebagai lokasi syuting misalnya 'Before flower', 'Kau yang berasal dari bintang', dan lain-lain.

30분 자유시간을 드리겠습니다. 늦지마세요.	Kita tidak menaiki Seoul Tower, tetapi menurut saya kita bisa cukup menikmati pemandangan di lantai bawah. Ibu-Ibu Bapak-Bapak waktu bebas kira kira 30 menit di sini. Jangan terlambat, ya.

Terjemahkanlah kalimat-kalimat berikut ini.

1. 어서오세요. 한국에 오신 것을 진심으로 환영합니다. 저는 이번 3박 4일 동안 여러분들을 도와드릴 김홍길입니다. 오늘 일정에 대해 간략하게 설명해드리겠습니다. 오늘은 한국의 유명 관광코스인 남이섬을 방문하겠습니다. 그 곳에서 짚라인, 한국 전통음식 체험, 명소들을 둘러 볼 것입니다. 인천공항에서부터 남이섬까지 2시간 소요합니다. 남이섬 도착 후 같이 점심 식사를 하도록 하겠습니다.

2. 남이섬은 가평에 있는 조그마한 인공 섬입니다. 데이트 코스로도 인기가 높은 곳입니다. 여러분 <겨울연가>를 아시나요? 배용준과 최지우가 주연이었어요. 이 오래된 드라마는 일본, 중국 그리고 동남아시아에서 유명했어요. 그 유명한 <겨울연가> 촬영장소가 바로 이 남이섬입니다.

3. 두 번째로 방문할 곳은 설악산입니다. 설악산은 강원도에 있는 해발고도 1708미터의 산입니다. 대한민국에서 세 번째로 높은 산입니다. 우리는 우선 설악산 국립공원으로 갈 것입니다. 그 후 케이블카를 타고 권금성으로 가게 될 것입니다. 한 케이블카에는 최대 50명씩 탑승합니다. 부모님들께서는 아이들을 잘 챙겨주시길 바랍니다.

4. 좋은 아침입니다. 한국에서의 마지막 밤 잘 보내셨나요? 모두 짐을 다 챙기셨지요? 공항에 출발하기 전 개인적으로 여러분께 선물을 드리려 합니다. 이것은 한국 전통 부채입니다. 공항에 도착한 후에 기념사진을 찍겠습니다. 사진은 이메일로 보내드리겠습니다. 이번 여행이 좋은 추억이 되길 바랍니다. 모두 안전하게 귀국하시길 바랍니다. 감사합니다.

Tambahan Kunci Jawaban

BISA!!! Ver 3.
Bagian Latihan Tata Bahasa

Tambahan

Kunci Jawaban

BISA!!! Ver.3

Bagian Latihan Tata Bahasa

(다음 내용은 비사 인도네시아어 회화-문법 교재 중 문법 연습문제에 대한 답안이다)

Jawaban halaman 126

1. aku
2. kamu
3. mereka
4. Anda
5. kita
6. Ayah saya
7. dia
8. beliau
9. mahasiswa
10. orang Indonesia
11. anak (laki-laki) guru itu
12. ibu anak itu
13. dokter
14. polisi
15. perempuan
16. adik saya
17. teman Hadi / kawan Hadi
18. karyawan baru / pegawai baru
19. karyawan bank / pegawai bank
20. universitas kami

Jawaban halaman 127

1. Adik Ita laki-laki.
2. Buku Rusdi sepuluh (buah).
3. Mobil mereka baru.
4. Komputernya satu (buah).
5. Sepeda kakak enam (buah).
6. Anak anjing adik manis.
   Anak anjing adik lucu.
7. Pacar Irwan tiga (orang).
8. Anak Tuti kecil.
9. Bu guru cantik.
10. Santi kaya.

참고:

* 괄호 안에 있는 것은 수량사이다.
* 4 번은 "komputer dia"로 구어체에서 사용되지만, 문어체에서는 "dia"가 소유격이 되어 "nya"로 변한다.
* 6 번에 "manis"는 "달콤한", 그리고 "lucu"는 "재미있는, 웃긴"이라는 의미도 갖고 있다.
  6 번 문장에서는 둘 다 "귀여운"이란 의미로 사용된 것이다.
* 8 번에 "kecil"은 "작다"라는 의미도 갖고 있다.

Jawaban halaman 128

1. Anto anak mereka.	안토는 그들의 아이다.
2. Itu kampus Sutopo.	그것은 수또뽀의 캠퍼스이다.
3. Anak ayam saya lima ekor.	나의 병아리는 5 마리다.
Ayam anak saya lima ekor.	내 아이의 닭은 5 마리다.
4. Itu kakek kalian.	저분은 너희들의 할아버지다.
5. Ibu pergi ke pasar.	어머니는 시장에 갔다.
6. Ita tinggal di Seoul.	이따는 서울에 산다.
7. Anita belum lulus dari SMP tahun ini.	아니따는 올해 중학교에서 졸업을 못했다.
8. Polisi menangkap maling itu kemarin.	경찰은 어제 그 도둑을 잡았다.
9. Pameran itu dibuka minggu lalu.	그 전시회는 지난 주에 열렸다.
10. Pelayan ramah itu cantik dan baik hati.	저 친절한 종업원은 예쁘고 착하다.
Pelayan itu ramah, cantik, dan baik hati.	저 종업원은 친절하고, 예쁘고, 착하다.
11. Susilo bekerja di kantor.	수실로는 회사에 일한다.
12. Kami berangkat ke Puncak hari ini	우리는 오늘 뿐짝으로 떠난다.
13. Saya makan nasi goreng di kantin.	나는 매점에서 볶음밥을 먹는다.
14. Ke mana adik pergi pagi ini?	동생은 오늘 아침 어디로 갔었나?
15. Dia kembali dari Seoul kemarin.	그는 어제 서울에서 돌아왔다.
16. Kartini lahir pada tanggal 21 bulan April.	까르티니는 4 월 21 일에 태어났다.
17. Universitas kami paling besar di kota ini.	우리 대학은 이 도시에서 가장 크다.
18. Anak miskin itu memakai baju kumal.	저 가난한 아이는 더러운 옷을 입었다.
19. Bu Guru membawa buah rambutan untuk anaknya.	여선생님은 자녀를 위해 람부딴 과일을 갖고 왔다.
20. Kuliah dosen itu membuat mahasiswa mengantuk.	저 교수의 수업은 학생을 졸게 한다.
Dosen kuliah itu membuat mahasiswa mengantuk.	그 수업(을 가르치는) 교수는 학생을 졸게 한다.

Jawaban halaman 129

1. di 우리는 매점으로 간다.
2. di 아니따는 방에서 공부한다.
3. ke 살림의 부모는 수라바야로 돌아가셨다.
4. dari 너는 어디에서 왔니.
5. di 동생은 저 강으로 놀러 갔다.
6. di 강씨는 방금 김씨의 사무실에 왔다.
   dari 강씨는 방금 김씨의 사무실에서 왔다.
7. di 르스따리는 이 도시에 태어났다.
8. pada 우리는 다음 달에 시험을 볼 것이다.
9. ke 누가 내일 자카르타로 출발했나요?
10. di 광수는 이 대학에서 인도네시아어를 배웠다.
11. pada 예진은 생일에 자동차를 받았다.
12. di 저 식당에 소또 아얌은 맛은 별로다.
13. ke 잠시 후 재형이는 집으로 돌아 올 것이다.
14. di 이씨 부인은 병원에서 아이를 출산하였다.
15. ke 지난 방학 때 라띠는 일본으로 여행을 갔다.
    di 지난 방학 때 라띠는 일본에서 여행을 하였다.
16. di 작년에 내 동생은 작은 가게에서 일을 하였다.
17. di 우리 학교 앞 대형매장은 매우 크다.
18. pada 오늘의 기온은 28 도이다.
19. ke 형은 워너기리로 바띡을 가지고 갔다.
    dari 형은 워너기리에서 바띡을 가지고 왔다.
20. dari 저 비행기는 바탐섬에서 왔다.
21. pada 주말에 루시는 할아버지 집에 간다.
22. di 주노는 하루종일 캠퍼스 도서관에서 공부한다.
23. di 알리는 축구장에서 노래 부르는 것을 좋아한다.
24. pada 경찰은 그 도둑을 어제 오후 6 시에 체포하였다.
25. di 모든 학생이 저 방에서 기다리고 있다.

Jawaban halaman 134

1. Di mana ayah Effendi bekerja?	에펜디에 아버지가 일하는 곳은?
2. Berapa sapi paman Anto?	안토 삼촌의 소의 개수는?
3. Itu mobil siapa?	저 차의 주인은 누구?
4. Sudirman berasal dari mana?	수디르만은 어디서 왔습니까?
5. Sekarang Agus tinggal di mana?	지금 아구스가 사는 곳은?
6. Rusdi dan Salim makan apa di restoran mahal?	비싼 식당에서 루스디와 살림이 먹은 것은?
7. Paramita dan Linda ke mana siang nanti?	잠시후 빠라미따와 린다가 갈 곳은?
8. Besok pagi Winda pulang dari mana?	내일 아침 윈다는 어디에서 돌아 옵니까?
9. Mengapa Anda terlambat datang?	당신은 왜 늦게 왔습니까?
10. Bagaimana cara pergi ke bank?	은행으로 가는 방법은?

==

참고: 9 번과 10 번에 답은 경우에 따라 다를 수도 있다.

Jawaban halaman 135

1. Ini pakaian ayah.
2. Rudi berayah orang Italia.
3. Chandra mempunyai 5 buah kamera.
4. Tahun lalu adik saya lulus dari universitas ini.
5. Mira pergi ke bioskop setelah kuliah ini.
6. Agung berolah raga di depan rumah setiap hari.
7. Karena hari ini Yudi bertemu dengan Mira.
8. Saya suka warna biru.
9. Silakan jalan terus, lalu belok kiri di pertigaan sana.
10. Binatang kesukaan saya kelinci.

Jawaban halaman 136

1. Hari ini kita makan siang di mana?
2. Hari ini kita makan siang di restoran mahal.
3. Bagaimana pergi dari sini ke restoran itu?
4. Dari sini kita pergi dengan taksi.
5. Sore ini kakek pergi ke mana?
6. Kakek tidak pergi ke mana-mana.
7. Kapan-kapan main ke rumah kami.
8. Adik saya tidak bertemu dengan siapa-siapa.
9. Kakek tidak makan apa-apa.
10. Paman kami menyimpan uang di mana-mana.
11. Mengapakah Anda terus bertanya pada saya?
12. Berapakah harga tas ini?
13. Siapakah yang akan datang dari Jakarta besok?
14. Kemarin Juno sakit, tetapi hari ini dia tidak apa-apa.
15. Silakan datang besok. Hari ini tidak ada siapa-siapa.

Jawaban halaman 139

1. bukan. 수시는 인도네시아 사람이 아니다.
2. tidak. 나는 포도를 좋아하지 않는다.
3. bukan. 나의 집은 새집이 아니다.
4. tidak. 안또는 오늘 밥을 먹지 않았다.
5. tidak. 루시는 캠퍼스에 가지 않았다.
6. bukan. 그 아가씨는 민간회사 직원이 아니다.
7. bukan. 자야씨는 서울 사람이 아니다.
8. bukan. 쩨쩹은 그 가게의 주인이 아니다.
9. bukan. 수실러는 그 여자의 남편이 아니다.
10. bukan. 아궁은 신입생이 아니다.

11. tidak. 오늘 홍철은 계란을 사지 않았다.

12. tidak. 근영의 가족은 인도네시아에 가지 않았다.

13. tidak. 이 집의 가격은 비싸지 않다.

14. tidak. 짠드라는 그 수업을 이해하지 못했다.

15. tidak. 이번 주 부산의 날씨는 화창하지 않다.

16. bukan. 나의 아이는 개구쟁이가 아니다.

17. bukan. 구두쇠는 신발을 사는 것이 아니라 샌들을 샀다.
    tidak. 구두쇠는 신발을 사지 않고 샌들을 샀다.

18. bukan. 토미는 너를 보는 것이 아니라 빠라미타를 본다.
    tidak. 토미는 너를 보지 않고 빠라미타를 본다.

19. tidak. 짠드라의 모자는 새것이 아니다.

20. bukan. 그들은 다르마의 형제가 아니다.

21. tidak. 우리 모두는 늦은 밤까지 공부하는 것을 원하지 않는다.

22. bukan. 오늘 너만 피곤한 것은 아니다.

23. tidak. 내 생각엔, 선생님의 의견이 이 문제를 해결하지 못합니다.

24. tidak. 그때 김씨 부인은 너의 말을 듣지 않았다.

25. bukan. 사장님 방에 있는 장은 회사 소요가 아니다.

26. tidak. 토미와 빠라미타는 그 거짓 소식을 기뻐하지 않았다.

27. tidak. 오늘 이다는 하디와 만나지 않기를 바란다.

28. bukan. 미안합니다, 아저씨. 이 음식은 내가 주문한 것이 아닌 것 같습니다.

29. tidak. 이 음식은 전혀 조미료를 포함하지 않았습니다.

30. bukan. 거짓말 마! 이 차는 최신 모델이 아니야.

Jawaban halaman 140

1. Pagi ini Ida masuk kerja pada jam 8.
2. Biasanya dia naik bus ke kantor.
3. Dulu Ida sangat kurus dan sakit.
4. Tetapi belakangan ini kesehatannya membaik.
5. Waktu muda Ida tidak cantik.
6. Ida belum pernah pergi ke Indonesia.

7. Sekarang Hadi berpakaian mahal.
   Sekarang Hadi memakai pakaian mahal.
8. Hadi mau makan siang, setelah itu berjalan-jalan.
   Hadi mau berjalan-jalan setelah makan siang.
9. Saya pikir, dia perlu berolahraga.
10. Dia suka bernyanyi dengan suara keras.
11. Suaranya sangat merdu.
    Suaranya sangat enak didengar.
12. Kita bukan pergi ke pasar, tetapi ke sekolah.
13. Anto bukan melihat kamu, tetapi aku.
14. Celana ayah bukan berwarna hijau, tetapi biru.
15. Kita bukan pergi ke restoran, tetapi ke rumah.

Jawaban halaman 142

1. Membentuk kata benda.	지갑이 없어진 것을 엄마는 오늘 아침에 알게 되었다.
2. Membentuk kata benda.	그 도둑이 도망간 곳을 경찰이 추적했다.
3. Membentuk adverbia.	처음에 우리는 이씨 집을 들리려고 했다.
4. Membentuk adverbia.	결국 그들은 집에 가기로 결정했다.
5. Membentuk kata ganti kepemilikan.	안토는 그의 자전거를 찾는다. 자전거를 분실하였다.
6. Membentuk kata ganti kepemilikan.	소라는 기쁘다. 오늘은 그녀의 생일이다.
7. Membentuk pendefinisi.	볶음밥 1 인분 주문하겠습니다.
8. Membentuk pendefinisi.	케익 드셔 보세요. 제가 직접 만든거예요.
9. Menunjuk pendengar.	아가씨, 괜찮다면, 전화번호를 알 수 있을까요?
10. Menunjuk pendengar.	죄송합니다 선생님. 휴대폰 좀 빌릴 수 있을까요?
11. Menunjuk pendengar.	아, 참 귀엽구나. 이름이 뭐니?
12. Membentuk adverbia.	이 행사가 여러분에게 즐거움이 되기를 기원합니다.
13. Membentuk adverbia.	그는 조금 아파보인다.
14. Membentuk adverbia.	그 노래는 사랑을 이야기 하는 것 같다
15. Membentuk adverbia.	난 여기 와 본적이 있는것 같다.
16. Membentuk kata benda.	알리는 그 건물의 기초의 강함을 이야기 하였다.

17. Membentuk kata benda. 인도네시아의 아름다움은 이미 세계적으로 잘 알려져 있다.

18. Membentuk kata benda. 그 바띡의 높은 가격은 하늘을 찌른다.

19. Membentuk kata seru. 엄마의 요리는 참 맛있다!

20. Membentuk kata seru. 저 빵/과자 공장은 참 깨끗하다!

==

* "Mbak"은 자바어로 "언니, 누나"라는 뜻이지만, 일반적으로 젊은 여성을 부를 때에도 사용된다.

* "Rasanya, kedengarannya, kelihatannya"는 포괄적으로 "~한 것 같아"로 해석할 수 있다.

* 18 번인 경우 형용사 앞에 주어 "batik itu'가 있어 "-nya"의 기능은 명사화하는 것이다.

Latihan halaman 147

1. Adi yang bekerja di stasiun kereta api suka berbelanja di internet.
   기차역에서 일하는 아디는 인터넷 쇼핑을 즐긴다.
2. Lusi yang mampir di toko buku itu bekerja sebagai karyawan di bank.
   서점에 들린 루시는 은행 직원으로 일한다.
3. Presiden yang berkunjung ke kota Busan itu berasal dari desa Susukeki.
   부산시에 방문한 대통령은 수수께끼 마을 출신이다.
4. Cecep yang jarang mencuci rambut mempunyai banyak pacar.
   머리를 좀처럼 감지 않은 쩨쩹은 많은 애인을 갖고 있다.
5. Mobil berwarna merah yang berinterior emas itu sangat mahal.
   금으로 내부장식이 된 저 빨간 자동차는 매우 비싸다.
6. Sora yang temannya mahasiswa di universitas ini datang dari kota Seoul.
   이 대학교에 다니는 친구를 갖은 소라는 서울에서 왔다.
7. Pak Kim yang anak-anaknya pintar berbahasa asing belum pernah ke luar negeri.
   외국어를 잘 하는 자녀를 갖은 김씨는 외국에 간 적이 없다.
8. Ibu Shim yang tetangganya orang Amerika membeli hp baru kemarin.
   미국인 이웃을 갖은 심씨는 어제 새 휴대폰을 구입했다.
9. Mahasiswa yang orang tuanya diplomat itu sangat cerdas.
   외교관 부모님을 둔 저 대학생은 매우 영리하다.

10. Pak Leo yang istrinya cerewet itu sedang berbicara dengan direktur kami.
수다스러운 아내를 둔 레오씨는 우리 사장님과 이야기하는 중이다.
11. Indonesia yang kaya dengan budaya dan bahasa mempunyai banyak penduduk.
문화와 언어가 풍부한 인도네시아는 많은 인구를 갖고 있다.
12. Hutan yang indah dan sejuk itu berada di kaki gunung.
아름답고 시원한 그 숲은 산 기슭에 있다.
13. Teman saya yang selalu rajin dan bersemangat itu bernama Yea Jin.
항상 열심히 하고 열정적인 내 친구의 이름은 예진이다.
14. Cintanya pada Cecep yang terlalu dalam membuat dia tidak bisa tidur.
쩨쩹을 향한 그의 깊은 사랑은 그로 하여금 잠 못 들게 하였다.
15. Ibu Bebek yang sabar mengajar anak-anaknya berenang itu bangun pagi setiap hari.
인내로 새끼들을 수영을 가르치는 엄마 오리는 매일 일찍 일어난다.
16. Batik yang banyak orang jual di kampung halaman saya sudah terkenal di dunia.
내 고향에서 사람들이 많이 파는 바띡은 이미 세계적으로 유명하다.
17. Museum Jakarta yang dikunjungi banyak wisatawan itu berlokasi di dekat Istana Negara.
많은 관광객들이 방문하는 자카르타 박물관은 국궁 근처에 위치한다.
18. Rumah yang dibeli (oleh) orang tua Ita dengan harga murah itu sudah sangat tua.
이따의 부모가 저렴한 가격에 구입한 그 집은 매우 낡았다.
19. Gadis yang Juno lihat di kantin itu memakai rok merah.
주노가 매점에서 본 아가씨는 빨간 치마를 입었다.
20. Uang yang istri Ali simpan di dalam lemari baju itu habis dipakai oleh Ali.
알리의 부인이 옷장에다 둔 돈은 알리에 의해 모두 소모되었다.
21. Indonesia Raya yang adalah lagu kebangsaan Indonesia diajarkan di sekolah.
인도네시아의 국가인 '위대한 인도네시아'는 학교에서 가르쳐진다.
22. Bersepeda yang adalah salah satu dari olahraga ringan bisa membantu orang berdiet.
가벼운 운동 중 하나인 자전거타기는 (사람이) 다이어트하는 데에 도움을 준다.
23. Bahasa yang merupakan sarana utama untuk berkomunikasi sudah banyak diteliti oleh ilmuwan.
소통의 주요 수단인 언어는 이미 많은 학자에 의해 연구 되었다.
24. Gambar Affandi yang menjadi sumber inspirasi seniman Indonesia menceritakan kehidupan orang di desa.
인도네시아 예술인의 영감의 원천이 되는 아판디의 그림은 마을 사람들의 생활을 이야기 한다.

25. Batu bara yang sudah lama menjadi komoditi ekspor itu masih ramai dicari oleh pengusaha luar negeri.

이미 오래 전에 수출품이 된 석탄은 여전히 활발하게 해외사업가에 의해 채굴된다.

26. Mobil yang ayah beli itu rusak lagi.

아버지가 구입한 차는 또 고장 났다.

27. Winda yang tertinggal kereta api bukan teman saya.

기차를 놓친 윈다는 내 친구가 아니다.

28. Anjing yang Ali pukuli itu bukan anjing saya.

알리에게 맞은 개는 내 개가 아니다.

29. Roti yang adik saya gigiti ini agak keras

내 동생이 물어뜯은 이 빵은 조금 딱딱하다

30. Tugas yang mahasiswa kumpulkan itu adalah tentang ekonomi Indonesia

대학생들이 모은 이 과제는 인도네시아의 경제에 대한 것이다.

Latihan halaman 150B

1. a. Margie akan datang ke Jakarta. 마지는 자카르타에 올 것이다.
   b. Ayah Margie pengusaha. 마지의 아버지는 사업가이다.
2. a. Gajah Mada adalah seorang patih dari kerajaan Majapahit. 가자 마다는 마자빠힛 왕국의 대신이다.
   b. Nama Gajah Mada terkenal. 가자 마다의 이름은 유명하다.
3. a. Santi jatuh cinta pada Agus. 산띠는 아구스와 사랑에 빠졌다.
   b. Santi mempunyai banyak komputer. 산띠는 많은 컴퓨터를 갖고 있다.
4. a. Agus tinggal di Kalimantan. 아구스는 깔리만딴에 산다.
   b. Agus suka berpakaian batik. 아구스는 바띡 옷 입는 것을 좋아한다.
5. a. Bahasa Inggris perlu dipelajari. 영어는 배울 필요가 있다.
   b. Bahasa Inggris adalah bahasa internasional. 영어는 국제언어이다.
6. a. Tim Harimau dibentuk 10 tahun yang lalu. 하리마우팀은 10년 전에 결성되었다.
   b. Tim Harimau merupakan tim sepak bola jurusan kami. 하리마우팀은 우리 학과의 축구팀이다.
7. a. Cecep mempunyai banyak teman wanita. 쩨쩹은 많은 여자 친구를 갖고 있다.
   b. Cecep ganteng. 쩨쩹은 잘 생겼다.

8. a. Saputangan itu sebenarnya hadiah dari pacar saya. 그 손수건은 사실 내 애인이 준 선물이다.
   b. Saputangan itu dipakai oleh ibu. 엄마가 그 손수건을 사용하였다.
9. a. Anak itu anak presiden. 그 아이는 대통령의 자녀이다.
   b. Anak itu kamu gendong. 그 아이를 네가 안고 있다.
10. a. Penduduk kota itu belum mendapat pertolongan. 그 도시 주민은 아직 도움을 받지 못했다.
   b. Penduduk kota itu terkena musibah. 그 도시 주민은 재앙을 겪었다.

Latihan halaman 150C

(이 연습문제는 모두 잘못된 문장이다. 두 소 문장으로 나누는 방법으로 문장의 오류를 파악해보는 연습문제이다.)

1. a. Cara tidak sulit. 방법은 어렵지 않다.
   b. Cara datang ke kuliah. 방법이 수업에 왔다. (X)
   *힌트: 'yang' 다음에 동사가 올 경우 'yang' 앞에는 스스로 움직일 수 있는 사람이나 동물 등이 쓰여야 한다.
   올바른 문장: Cara untuk datang ke kuliah tidak sulit.
   수업에 오는 방법은 어렵지 않다.

2. a. Gula ini tidak manis. 이 설탕은 달지 않다.
   b. Gula memakai dalam kopi. 설탕은 커피 속을 입었다. (X)
   *힌트: 'yang' 다음에 'me-'동사가 나올 경우에 'yang' 앞에는 'me-'동사를 행하는 주어가 쓰여야 한다.
   올바른 문장: Gula yang dipakai dalam kopi ini tidak manis.
   이 커피에 사용된 설탕은 달지 않다.

3. a. Samsung masuk di Indonesia. 삼성은 인도네시아에 진출했다.
   b. Samsung (adalah) perusahaan Korea. 삼성은 한국 기업이다.
   *힌트: b 와 같은 문장은 평서문에서는 'adalah'가 생략돼도 괜찮지만, 'yang'을 사용할때는 'adalah'를 꼭 써주어야 한다.
   올바른 문장: Samsung yang adalah perusahaan Korea masuk di Indonesia.
   한국 기업인 삼성이 인도네시아에 진출하였다.

4. a. Alasan untuk pergi ke Indonesia. 인도네시아에 가기 위한 이유.

b. Alasan / saya belajar bahasa Indonesia. (X) 나는 한국어를 배운다 이유.

*힌트: b 에서는 4 번 문장에서 alasan 과 saya 사이에 'yang'이 있으므로 'alasan saya'로 볼 수 없고 실은 그 사이에 'yang'이 필요 없다.

올바른 문장: Alasan saya belajar bahasa Indonesia adalah untuk pergi ke Indonesia.

인도네시아어를 배우는 나의 목적은 인도네시아에 가기 위해서이다.

5. 5 번 문장을 'yang' 기준으로 한다면 두 문장으로 나눌 수 없고 'yang' 뒤에 'ber-'동사가 나올 경우 'yang'앞에는 'ber-'동사를 행하는 주어가 쓰여야 한다.

올바른 문장: Saya kurang mempunyai kesempatan untuk bertemu teman-teman saya.

나는 친구들을 만날 기회가 부족하다.

6. 6 번 문장은 'yang' 기준으로 해서 두 문장으로 나눌 수 없다. 여기서는 'yang' 다음에 바로 'me-'동사가 안 나오는 것이 틀린 것이다.

올바른 문장: Indonesia adalah negara yang mempunyai banyak budaya.

인도네시아는 많은 문화를 갖고 있는 나라이다.

7. 7 번 문장은 두 문장으로 나눌 수 없다. 여기서 틀린 것은 'yang' 다음에 명사 'restoran'이 따라온 이다. 'yang' 다음에 명사가 올 경우 '(주어)의 것'이라는 의미가 되어야 한다. (143 설명 참조). 따라서 이 문장에는 'yang'이 필요 없다.

올바른 문장: Linda bertanya waktu restoran buka.

린다는 식당이 여는 시간을 물었다.

8. 8 번 문장은 두 문장으로 나눌 수 없다. 여기서 틀린 것은 'yang' 다음에 명사 'sedikit nasi'이 따라 온 것이다. 'yang' 다음에 명사가 올 경우 '(주어)의 것'이라는 의미가 되어야 한다. (118 설명 참조). 따라서 이 문장에는 'yang'이 필요 없다.

올바른 문장: Ibu Shim mengetahui sedikit nasi ada di dapur.

심 아주머니는 부엌에 밥이 조금 남아 있는 것을 알고 있다.

9. 9번 문장을 보면 'yang' 다음에 나온 명사 'rekan bisnis Indonesia'는 'yang' 앞에 나온 명사 'negara'와 같은 명사이다. 145쪽 설명을 보면 이럴 경우 'yang' 뒤에 명사가 나올 경우 'Rudi yang adiknya....'와 같이 앞과 뒤에 명사가 같은 명사가 아니고, 뒤에 명사는 앞에 명사의 소유 "~nya'형 태로 되어야 한다. 그래서 9번과 같은 문장은 145쪽에 있는 문장과 같이 'Nasi yang adalah makanan pokok....'으로 쓰여야 하거나 'yang'을 쓰지 말아야 한다.

올바른 문장: Korea juga salah satu negara yang adalah rekan bisnis Indonesia.
한국도 역시 인도네시아의 비지니스 파트너인 나라 중 하나다.
Korea juga salah satu negara rekan bisnis Indonesia.
한국도 역시 인도네시아의 비지니스 파트너 국가 중 하나다.

10. 10번 문장에 대한 설명도 9번 문장과 동일하다.

올바른 문장: Pak Kim suka penyanyi muda baru yang adalah Cherrybelle.
김씨는 Cherrybelle인 신인가수를 좋아한다.
Pak Kim suka penyanyi muda baru Cherrybelle.
김씨는 신인가수 Cherrybelle를 좋아한다.

11. 11번 문장에는 'yang' 앞과 뒤에 있는 명사가 서로 다른 명사이다. 또 'yang' 뒤에 문장형태를 보면 능동형이다.

올바른 문장: Margie ingin membaca novel yang orang Indonesia tulis.
Margie ingin membaca novel yang ditulis oleh orang Indonesia.
마지는 인도네시아인이 쓴 소설을 읽고 싶어 한다.

12. 여기서도 'yang' 앞과 뒤에 있는 명사가 서로 다르다. 이 문장에선 'yang'이 필요 없다.

올바른 문장: Sora memberitahu Juno bahwa Linda berulang tahun.
소라는 린다가 생일을 맞았다고 주노에게 알려주었다.

13. 13번 문장과 같이 'yang' 앞에 아무것도 없을 경우 명사 'hal / 것'을 넣어 보면 된다. 그렇게 되면 13번 문장은 다음과 같이 된다:

Hal yang menjadi ayah adalah cita-cita dalam kehidupan Juno.

'yang' 다음에 'me-/ber- 동사'가 나올 경우 'yang' 앞에는 그 동사를 행하는 명사가 나와야 한다. 이 문장에서 'hal'은 '아버지가 되다'를 할 수 있는 명사가 아니다. 그래서 이 문장에는 'yang'이 필요 없다.

올바른 문장: Menjadi ayah adalah cita-cita dalam kehidupan Juno.
아버지가 되는 것은 주노 삶의 꿈이다.

14. 14번 문장에는 'yang' 뒤에 능동문이 나왔다. 이것을 수동문으로 바꾸면 된다.
올바른 문장: Susu yang kucing itu makan hampir terminum oleh Ali kemarin.
Susu yang dimakan (oleh) kucing itu hampir terminum oleh Ali kemarin.
고양이가 먹은 저 우유는 어제 알리가 마실 뻔 했다.

15. 이 문장에도 'yang' 뒤에 능동문이 나왔다. 이것을 수동문으로 바꿔주면 된다.
올바른 문장: Anjingnya yang Edo pelihara bernama Ripi.
Anjingnya yang dipelihara (oleh) Edo bernama Ripi.
에도가 키운 그의 강아지의 이름은 리삐이다.

16. 'yang'의 기본적인 역할은 선행하는 명사를 설명하거나 구별하는 것이다. 이 문장에는'yang' 앞에 동사 'mengatakan'이 있다. 'yang'은 이 문장에 필요 없다. 그리고 '~라고 말했다'의 형태로서 'mengatakan'은 'mengatakan bahwa'로 써 주는 것이 일반적이다.
올바른 문장: Pak Iwan mengatakan bahwa minggu depan ada kuis penting.
이완 교수님은 다음주에 중요한 퀴즈가 있을 거라고 말했다.

17. 이 문장에 'yang' 뒤에 'me-'동사가 나왔는데, 이 경우 'yang' 앞에는 'me-'동사를 행하는 주어가 쓰여야 한다. 'kebiasaan(습관)'은 'memeriksa(확인하다, 검사하다)'를 할 수 있는 명사가 아니다. 따라서 이 문장에는 'yang'이 필요 없다.
올바른 문장: Saya mau menghilangkan kebiasaan memeriksa hp berulang-ulang.
나는 반복적으로 휴대폰을 확인하는 습관을 없애고 싶다.

18. a. Orang-orang itu menyembah harimau. 저 사람들은 호랑이를 숭배한다.
b. Raja hutan mereka percaya. 숲의 왕이라 그들은 믿는다.
위 두 문장은 문제가 없다. 하지만 비슷한 조건에 146쪽 예문을 보면 'Roti sudah busuk' + 'Roti Rudi makan' = 'Roti yang Rudi makan sudah busuk' 이 되듯이 b와 a 문장에 동일한 명사가 있어야 한다. b 문장을 'Harimau mereka percaya sebagai raja hutan'이라고 바꿔주면

올바른 문장: Orang-orang itu menyembah harimau yang mereka percaya sebagai raja hutan. 저 사람들은 그들이 숲의 왕이라고 믿는 호랑이를 숭배한다.

19. '나는 주말이 많이 놀지 않으려고 노력하지만, 그것을 바꾸는 것은 매우 어렵다.'을 인도네시아어로 작문한 것이다. '그것은'을 관계사 'yang'으로 처리하면 안되고 'hal itu'로 써야 된다.

올바른 문장: Saya berusaha tidak bermain terlalu banyak pada akhir minggu tetapi mengubah hal itu sangat sukar.

20. 20 번 문장에는 관계사 'sehingga'가 있다. 따라서 'yang'을 두고 나눌 문장은 'sehingga' 이후에 나온 문장이다.

a. Saya tidak mempunyai uang. 나는 돈이 없다.

b. Uang ditabung. (X) 돈이 저금 되었다.

*힌트: b 에서 돈을 저금한 주어가 없다. 이럴 경우 'yang'이 사용될 수 없다.

올바른 문장: Saya tidak mempunyai uang untuk ditabung.

21. 21 번 문장 같은 경우 기억해 둬야 될 것은 'yang' 뒤에는 능동형이 올 수 없다는 것이다.

올바른 문장: Yang saya bawa adalah buku.
내가 가져 온 것은 책이다.

22. 22 문장 같은 경우 'yang' 뒤에 'me-동사'가 나왔다. 이럴 경우 'yang' 앞에는 그 동사를 행하는 명사가 나와야 하는 것인데 'kebiasaan(습관)'은 능동적으로 'menunda(지연시키다)'를 하지 못한다. 따라서 이 문장에는 'yang'이 필요 없다.

올바른 문장: Saya ingin menghilangkan kebiasaan menunda tugas.
나는 과제를 미루는 습관을 없애고 싶다.

23. 23 번 문장에는 'yang' 앞과 뒤는 같은 명사를 지칭한다. 따라서 'yang' 뒤에는 'adalah'가 있어야 한다.

올바른 문장: Hal yang adalah masalah di asrama ini adalah makanannya.
이 기숙사에 문제는 음식이다.

그러나 한국어로 말하고 싶은 것이 '이 기숙사에 문제가 되는 것은 음식이다'면 '~가 되다'에 해당하는 'menjadi'를 써 주어야 한다.

올바른 문장: (Hal) yang menjadi masalah di asrama ini adalah makanannya.

24. 24번 문장에 'yang' 뒤에 'ber-동사'가 나왔는데 'yang' 앞에는 'berbelanja'를 행하는 주어가 없다. 그러나 'yang' 앞에 'berbelanja'를 행하는 주어가 있어도 문장은 틀리게 된다.
왜냐하면 그럴 경우 문장은 "Saya yang berbelanja di internet adalah sangat nyaman."과 같이 되기 때문이다. 'adalah'의 앞과 뒤는 같은 명사여야 되는데, 일단 'sangat nyaman'은 형용사이고, 'saya'와 'sangat nyaman'은 같은 것을 지칭하는 것은 아니다. 따라서 이 문장에는 'yang'과 'adalah'를 쓰지 않은 것이 맞다.
올바른 문장: Berbelanja melalui internet sangat nyaman.
인터넷으로 쇼핑하는 것은 매우 편리하다.

25. 25번 문장에 'yang' 뒤에 'me-동사'가 나왔는데, 'yang' 앞에 나오는 'hal'을'membersihkan/청소하다'를 할 수 없다. 한국어로 말하고 싶은 것이 '집에 오면, 청소나 숙제와 같은 많은 일들이 있다'면 '~와 같은'에 해당 되는 것을 써주면 된다.
올바른 문장: Kalau saya pulang, saya ada banyak hal seperti membersihkan rumah atau mengerjakan PR.

Latihan halaman 154

1. Truk ini bermesin diesel.	이 트럭은 디젤 엔진을 갖고 있다.
2. Gadis itu berwajah cantik.	저 아가씨는 예쁜 얼굴을 갖고 있다.
3. Santi bermata sipit.	산띠는 작은 눈을 갖고 있다.
4. Charles berambut pirang.	찰스는 금발 머리를 갖고 있다.
5. Tomi berjerawat.	터미는 여드름이 났다.
6. Rusdi bercelana hitam.	루스디는 검정색 바지를 입었다.
7. Kakak saya bercincin emas.	내 형은 금반지를 꼈다.
8. Wati bertopi.	와띠는 모자를 썼다.
9. Susi bersanggul.	수시는 비녀머리를 썼다.
10. Adik berpita merah muda.	동생은 분홍색 리본을 썼다.
11. Chul Soo bermulut besar.	철수는 큰 입을 갖고 있다.

12. Keluarga kami bermobil baru.	우리 가족은 새 자동차를 갖고 있다.
13. Kwang Soo berbaju biru.	광수는 파란색 옷을 입었다.
14. Paman berkemeja batik.	삼촌은 바띡 셔츠를 입었다.
15. Kami beruang banyak.	우리는 많은 돈을 갖고 있다

Latihan halaman 155

1. Rudi mempunyai kumis.	루디는 콧수염이 있다.
2. Kakak memakai celana panjang.	형은 긴 바지를 입었다.
3. Bapak mempunyai hidung mancung.	아버지는 오똑한 코를 갖고 있다.
4. Pak Dosen memakai dasi biru.	교수님은 파란 넥타이를 착용하였다.
5. Mereka memakai pakaian baru.	그들은 새 옷을 입었다.
6. Susi memakai kacamata hitam.	수시는 선글라스를 꼈다.
7. Ibu memakai kebaya baru.	엄마는 새 블라우스를 입었다.
8. Santi mempunyai uang banyak.	산띠는 많은 돈을 갖고 있다.
9. Penyanyi itu mempunyai suara merdu.	저 가수는 아름다운 목소리를 갖고 있다.
10. Nenek memakai gigi palsu.	할머니는 틀니를 쓴다.
11. Pemuda itu mempunyai otot.	저 청년은 근육질이다.
12. Adik saya mempunyai nama Wati.	내 동생은 와띠라는 이름을 갖고 있다.
13. Dia mempunyai sahabat banyak.	그는 많은 친구를 갖고 있다.
14. Buku itu mempunyai pita hijau.	저 책은 초록색 리본을 갖고 있다.
15. Anak itu mempunyai ayah dosen.	저 아이는 교수 아버지를 두고 있다.

Latihan halaman 156

1. Mereka saling bercerita di kamar.
2. Kami berlari di lapangan selama 1 jam.
3. Anak-anak kecil itu sedang berlomba lari.
4. Murid nakal itu belum bersiap ke sekolah.
5. Yuli bersedih karena anak anjingnya mati.

6. Mira bernyanyi 'Arirang' sepanjang hari.

7. Tentara-tentara itu bergerak dengan cepat.

8. Ali bersujud di depan Yanti.

9. Ayah berbicara pelan-pelan kepada adik.

10. Banyak orang bersembunyi di hutan itu.

11. Cecep bergembira karena hari ini (adalah) hari ulang tahunnya.

12. Ibu dan kakak berbelanja di toserba kemarin.

13. Bendera di depan sekolah itu berkibar.

14. Sejak subuh pedagang sudah datang di pasar untuk berjualan.

15. Orang-orang desa di kaki gunung itu berkeledai ke kota.

16. Kami berkereta api ke Busan.

17. Mereka berkapal berkeliling Indonesia.

18. Banyak anak muda berselancar di pantai.

19. Kakak bersepeda motor ke sekolah sejak umur 15 tahun.

20. Ayah berpesawat tiga kali sebulan ke Korea.

Latihan halaman 158

1. canda	교실에서 장난치지 마세요.
2. kemah	린다는 친구와 캠핑하러 갔다.
3. temu	짠드라는 어제 유명한 배우를 만났다.
4. dandan	루끼는 파티를 가기 위해 꾸미는 중이다.
5. kata	쩨쩹은 그날 아무 말도 하지 않았다.
6. obat	근영은 엄마와 가서 의사에게 치료 받았다.
7. belanja	나의 형은 쇼핑하는 것을 좋아한다.
8. gambar	그 아이는 그림 이야기 책을 갖고 있다.
9. janji	두 사람은 다음 주에 만나기로 약속했다.
10. libur	자카르타로 휴가 잘 다녀 오세요.
11. sikap, temu	그 학생은 대통령과 대면했을 때에 예의를 갖추었다.
12. mobil	그 가족은 일본으로 자동차를 타고 갔다.

13. gerobak 아침마다 그 농부는 수레를 타고 논으로 간다.
14. kuda 그는 운동장에서 말을 자주 탄다.
15. keledai 많은 상인들이 당나귀를 타고 그 도시에 왔다.
16. perahu 당신은 한강에서 배를 탄 적이 있나요?
17. sepeda 아빠의 취미는 오후에 자전거 타기이다.
18. helikopter 매번 외국으로 갈 때 그 사람은 항상 헬기를 탄다.
19. sepatu roda 우리 도시에 젊은이들은 롤러 스케이트를 타는 것을 좋아한다.
20. rakit 그 사람은 강에서 나무배를 타고 고기를 잡는다.

Latihan halaman 163

1. jemput 루스디와 살림은 공항에 김씨를 마중 나갔다.
2. tuju 그 배는 항구로 향했다.
3. terobos 루시는 폭우를 뚫고 뛰었다.
4. tunggu 그 어린 아이들은 학교 앞에서 그들의 엄마를 기다렸다.
5. lewat 병원으로 갈려면 당신은 저 건물을 지나쳐야 해요.
6. arak 마을 주민들은 신랑신부를 행진시켰다.
7. tunjuk 그의 손가락은 파란 하늘을 가리킨다.
8. siram 오늘 엄마는 꽃에 물을 주는 것을 깜빡 했다.
9. simpan 이따는 그의 인도네시아어 노트를 보관했다.
10. layang 그 작은 새는 하늘에 빨리 날았다.
11. bom 그 집을 누가 폭발시켰는지 그들은 알지 못했다.
12. kejar 경찰은 그 도둑의 차량을 추격했다.
13. kantuk 보통 점심 식사 이후면 우린 졸린다.
14. minta 거지는 그 큰 식당에 밥을 구걸했다.
15. usir 식당 주인은 가여운 거지를 내 쫒았다.
16. bantu, cari 누가 그 사람을 찾도록 나를 도울 수 있나요?
17. hilang 그 말썽꾸러기는 자주 집에서 사라진다.
18. gigit 쑥스러워서 그는 손톱을 물었다.
19. karang 수시는 동생을 위해 이야기를 지었다.

20. lawan 너의 부모님께 반항하지 마라.

Latihan halaman 164

1. menyemprot 루시는 모기 약을 뿌렸다.
2. membaca 빠르띠는 신문을 읽었다.
3. menggendong 수디르만은 그의 사촌을 업었다.
4. merawat 그 아이는 아픈 저 강아지를 돌보았다.
5. mengunci 헤르만은 그의 아이를 집안에 가두(감금)었다.
6. mencebur 아이들은 그 큰 돌에 서고는 물에 풍덩 뛰었다.
7. mencatat 경찰은 그 도둑의 자동차 번호를 적었다.
8. mengirim 아흐마드는 그의 애인에게 꽃을 보냈다.
9. mencium 아흐마드의 애인은 너무 기뻐서 그날 아흐마드에게 뽀뽀했다.
10. mengecat 오늘 홍철은 그의 집 울타리를 페인트 칠했다.
11. mendengar 학생들은 그 소식을 듣지 못했다.
12. menggeser 윈다는 그녀의 방으로 책상을 밀었다.
13. mencubit, memerah 르스따리는 그 아이의 볼이 빨갛게 되도록 꼬집었다.
14. menutup 식사 후, 반찬 그릇 덮는 것을 잊지 마세요.
15. menghukum 선생님은 게으른 학생을 응징했다.
16. mengambil 산띠 아주머니는 책상에 지갑을 갖고 갔다.
17. mengetik 아궁은 지원서를 타자했다.
18. menggusur 정부가 그들의 땅을 이전해서 마을에 사람들은 화가 났다.
19. menggambar 호동은 아름다운 풍경을 그리고 있다.
20. melempar 타우픽은 강으로 돌을 던졌다.
21. memotong 아미나흐는 요리하기 위해 야채를 썰고 있다.
22. menambah 아구스는 그의 차에 설탕을 더했다.
23. membangun 에펜디는 제주도에 집을 지었다.
24. menduga 경찰은 그 살인 사건의 범인은 내부인 일 거라 추정했다.
25. menghapus 이따는 교실 벽에 낙서를 지우웠다.
26. melambai 해변에 야자나무 잎이 우리를 부르듯 손짓한다.

27. memakan 구스디는 그가 그의 고양이의 먹이를 먹은 것을 몰랐다.

28. menganga, merusak 아빠의 구두를 망가뜨리고 있는 우리의 개를 보고 엄마는 경악했다.

29. meraba (저) 시각 장애인은 그 책에 점자글씨를 더듬고 있다.

30. mengikis 빗물은 사원에 그림 조각을 조금씩 마모시켰다.

Latihan halaman 169

1. karena 피곤해서 그 어린 아이는 울었다.
2. sambi 살림은 음악을 들으며 소설을 읽는다.
3. lalu, setelah itu, kemudian 붕아는 수디르만을 부른고 그 후 둘이 이야기를 나누었다.
4. tetapi, namun 그 소녀는 수디르만을 사랑하나 수디르만은 그녀를 증오한다.
5. dan 아버지는 오늘 병원과 약국에 들려야 한다.
6. lalu, setelah itu, kemudian 까르띠니는 도서관에서 책을 갖고 온 다음 친구에게 그 책을 보냈다.
7. tetapi, namun 수시는 여러 번 그 아이를 충고했지만 아이는 여전히 고집을 부린다.
8. tetapi, namun 나는 커피 4 잔을 마셨는데 여전히 졸립다.
9. tetapi, namun 그 집은 크지 않지만 웅장해 보인다.
10. dan ; lalu, setelah itu, kemudian 찰스는 밀가루와 계란을 갖고 빵을 만들기 시작했다.
11. lalu, setelah itu, kemudian 이른 아침 토미는 일어났다. 그 후 그는 캠퍼스에 갈 준비를 했다.
12. karena 광수는 상장을 받게 되어서 기쁘고 뿌듯했다.
13. karena 드라마가 매우 감동스러워서 자야 아저씨는 눈물을 뚝뚝 흘렸다.
14. tetapi, namun 유디는 그 버스를 쫓았지만, 버스 기사는 그를 보지 못했다.
15. walaupun, meskipun 아무리 노력했어도, 그는 여전히 가난하다.
16. lalu, setelah itu, kemudian 그 친절한 의사는 린다를 조언을 주고 처방전을 주었다.
17. lalu, setelah itu, kemudian 막내는 그 가게에 옷을 구경했다. 그리고 난 후 그는 한 옷을 골랐다.
18. karena 비행기 티켓이 떨어져서 쩨쩹은 이번에 발리 여행을 못 가게 되었다.
19. tetapi, namun 그 영화는 매우 유명하지만 사람들은 보기 싫어한다.
20. lalu, setelah itu, kemudian. 와띠는 잠시 앉았다가 다시 앉았다.
21. dan 수시와 아구스는 같은 학교에서 졸업했다.
22. dan 라뚜는 노래하면서 샤워하는 것을 좋아한다.
23. walaupun, meskipun 항상 다이어트 하는데도 그는 여전히 통통하다.

24. namun 그날 오후에 비가 많이 왔음에도 불구하고 많은 사람들은 그 콘서트에 왔다.

25. namun 실은 알리는 밤새도록 공부할 마음을 먹었다. 그러나 결국 그는 책상에서 잠들고 말았다.

26. lalu, setelah itu, kemudian 아버지는 좋아하는 모자를 갖고 운동하러 나셨다.

27. karena 우리 가족이 매우 가난해서 실은 나의 어린 시절은 그렇게 행복하지 않았어요..

28. walaupun, meskipun 수업 시간이 다 끝났는데도 교수님은 계속해서 강의한다.

29. lalu, setelah itu, kemudian 아니는 그 말썽꾸러기 강아지를 때리고 집 뒤에 가두었다.

30. lalu, setelah itu, kemudian 청년은 병 안에 내용물을 다 마시고 휴지통에 버렸다.

31. karena; lalu, setelah itu, kemudian 화가 나서, 반찌의 얼굴이 빨개지더니 끝내 울고 말았다.

(참고: "banci"는 주로 여장 남자를 지칭할 때 쓰임)

32. lalu, setelah itu, kemudian

신사 숙녀 여러분! 배포된 서식을 기재해주신 후 저희 승무원에게 돌려주시길 바랍니다.

33. walaupun, meskipu 삶이 어려운데도 그의 얼굴은 항상 밝다.

34. sambil 이 휴대폰으로 당신은 음악을 들으면서 문자 메시지를 보낼 수 있습니다.

35. sambil 말하면서 껌을 씹지 마세요. 그건 예의 바르지 못한 행동이예요.

Latihan halaman 171

1. Ibu marah sekali karena Winda gagal lagi dalam ujian.

   윈다가 또 시험에 실패해서 어머니께서는 매우 화 나셨다.

2. Suparti pergi ke kantor pos dan mengirim surat.

   수빠르띠는 우체국에 가서 편지를 보냈다.

3. Rusdi tidak mau makan masakan Salim karena terlalu asin.

   살림의 음식이 너무 짜서 루스디는 먹기 싫어한다.

4. Darma mencuci sayur itu lalu Pak Jaya memasaknya.

   다르마는 그 야채를 씻고, 자야 아저씨는 요리했다.

5. Winda sangat kecewa karena ibu tidak jadi membelikannya hadiah.

   엄마가 선물을 사주지 않아서 윈다는 매우 실망했다.

6. Anak kecil itu berlari kepada ibunya lalu memeluknya.

   그 어린 아이는 엄마에게 가서 엄마를 안았다.

7. Bapak membaca buku pentunjuk kemudian mencoba memasang televisi itu.
   아버지는 설명서를 읽고 TV 를 설치하셨다.
8. Chandra harus makan nasi dulu kemudian boleh minum obat.
   짠드라는 밥을 먹고 난 후에 약을 먹을 수 있다.
9. Hari ini Si Pelit merasa senang karena hari ini ulang tahunnya.
   오늘은 구두쇠쟁이의 생일이어서 그거 기뻤다..
10. Si Malas mengambil sabun setelah itu membasuh mukanya.
    게으름쟁이는 비누를 갖고 그의 얼굴을 닦았다.
11. Semua orang terkejut karena mendengar mendengar berita pembunuhan itu.
    그 살인 소식을 들어서 모든 사람들이 놀랐다.
12. Paman tidak percaya lagi kepada orang itu karena orang itu suka berbohong.
    그 사람은 항상 거짓말을 해서 삼촌은 더 이상 그 사람을 믿지 않았다.
13. Mahasiswa di kampus kami amat riang karena hari ini ada pesta musim semi.
    오늘은 봄 축제가 있어서 우리 학교 학생들이 매우 즐거웠다.
14. Ia merasa kesal karena hari ini tidak sempat makan sesuap pun.
    오늘 한 먹음도 못 먹어서 그는 짜증났다.
15. Harga mobil mereka sangat murah karena sudah sangat tua.
    그들의 차가 매우 낡아서 가격이 매우 저렴하다.
16. Kelinci kecil mengambil sepotong wortel kemudian menggerogotinya.
    작은 토끼는 당근 한 조각을 갖고 갉아 먹었다.
17. Kesuma mencari topinya setelah itu berangkat ke sawah.
    끄수마는 모자를 찾고 논으로 출발했다.
18. Ibu itu memandikan anak bungsunya kemudian memakaikan pakaian baru padanya.
    그 엄마는 막내를 씻기고 새 옷을 입혔다.
19. Si ganteng melirik jam tangannya kemudian berlari cepat.
    잘생긴 이는 손목 시계를 힐끔 보고 빨리 달렸다.
20. Si Cantik memoles bibirnya dengan lipstik kemudian mencium pipi pacarnya.
    예쁜 이는 립스틱으로 입술을 칠하고 연인의 볼에 입 맞추었다.
21. Saya membeli sepotong kemeja setelah itu membungkusnya untuk hadiah.
    나는 셔츠 하나를 구입하고 선물을 하기 위해 포장하였다.

22. Bu Dosen masuk ke ruang kuliah setelah itu mulai mengabsen mahasiswanya.

여 교수는 강의실에 들어와서 출석을 부르기 시작했다.

23. Mahasiswi baru itu mendatangi saya karena hendak bertanya tentang ketua jurusan kami.

저 신입 여대생이 우리 학과 대표에 대해 물어보고 싶어서 나에게로 왔다.

24. Kwang Soo meminum kopi dua gelas lalu belajar untuk ujian semalam suntuk.

광수는 커피 두 잔을 마시고 시험을 위해 밤새 공부하였다.

25. Pengemis malang itu kelaparan dan menggigil kedinginan.

가여운 거지는 굶주리고 추위에 떨고 있다.

Latihan halaman 173

1. Winda tidak suka belajar dan olahraga.

윈다는 공부와 운동을 싫어한다.

2. Anak-anak Ibu Bebek tidak bisa berjalan lurus tetapi pandai berenang.

오리 아주머니 아이들은 직선으로 걷진 못하지만 수영을 잘한다.

3. Pak Kura-kura selalu berjalan lambat tetapi tidak pernah terlambat.

거북이 아저씨는 항상 천천히 걷는다 하지만 늦은 적이 없다.

4. Menurut Yea Jin bintang film itu ganteng, tetapi menurut temannya jelek sekali.

예진이는 그 영화배우가 잘생겼다고 생각하지만, 그의 친구는 못생겼다고 생각한다.

5. Rini berbicara dengan pacarnya di telepon sambil menjemur pakaian.

리니는 애인과 전화로 이야기 하면서 빨래를 널었다.

6. Ira mengecat kukunya dengan warna merah sambil mendegar cerita temannya.

이라는 빨간색으로 손톱을 칠하며 친구의 이야기를 들었다.

7. Chul Soo dan Kwang Soo akan pergi wajib militer tahun depan.

철수와 광수는 내년에 군대에 갈 것이다.

8. Orang tua Lisa sangat kaya namun Lisa rendah hati.

리사의 부모가 매우 부유함에도 그는 겸손하다.

9. Anak anjing Linda masih kecil tetapi suka bermain dengan anjing besar.

린다의 강아지는 어린데도 큰 개와 노는 것을 좋아한다.

10. Semua anak Pak Gajah jantan tetapi semua anak Pak Singa betina.

코끼리 아저씨의 모든 새끼는 수컷이지만 사자 아저씨의 모든 새끼는 암컷이다.

11. Ujian kelulusan itu sangat sulit tetapi semua mahasiswa lulus dengan nilai sangat baik.
그 졸업 시험이 매우 어려웠는데도 모든 학생들은 매우 좋은 성적으로 졸업하였다.

12. Harga komputer saya dan kakak Rp. 12.500.000,-
나와 형의 컴퓨터의 가격은 천이백오십만 루피아다.

13. Sekarang usianya sudah mencapai 25 tahun tetapi kelakuannya seperti kanak-kanak saja.
그의 나이는 이미 25세에 달했는데도 행동은 어린 아이 같다.

14. Saya sudah dua tahun belajar bahasa Indonesia tetapi belum mengerti tata bahasa Indonesia dengan baik.
나는 인도네시아어를 2년 동안 배웠는데도 아직 인도네시아어 문법을 잘 이해하지 못한다.

15. Beberapa kali Santo menelepon Sinta tetapi Sinta tidak menjawab teleponnya.
산토는 신타에게 여러 번 전화를 했지만 신타는 산토의 전화를 받지 않았다.

16. Ia menatap gadis itu dengan pandangan bertanya sambil menggaruk kepalanya.
그는 머리를 긁으며 의문 어린 눈으로 그녀를 쳐다 보았다.

17. Setiap sore, Lastri menyetrika pakaian keluarganya sambil mendengarkan drama di radio kesayangannya.
오후마다 라스뜨리는 애지중지하는 라디오에 (나오는) 드라마를 들으며 가족의 옷을 다림질 한다.

18. Kakak mencoba membujuk adik yang rewel namun adik terus merengek minta dibelikan permen.
언니는 성가심을 내는 동생을 달래보았는데도 동생은 사탕을 사달라고 계속 조른다.

19. Sampai kemarin Kiki sakit kepala tetapi hari ini sudah membaik.
어제까지 끼끼는 머리 아팠지만, 오늘은 좋아졌다.

20. Minggu lalu jurusan kami pergi orientasi tetapi mahasiswa yang datang di orientasi tidak banyak.
지난 주에 우리 학과는 오리엔테이션에 갔지만 오는 사람이 많지 않았다.

21. Mereka mempersiapkan acara itu mati-matian namun para tamu merasa tidak puas pada acara itu.
그들은 그 행사를 죽도록 준비했는데 손님들은 만족하지 않았다.

22. Si Ganteng berlari secepat mungkin namun pacarnya sudah pergi meninggalkan dia.
잘생긴 이는 최대한 빨리 달렸지만 그의 애인은 이미 그를 떠났다.

23. Ia menulis semua isi hatinya dalam surat itu sambil menangis.
그는 울면서 그 편지의 마음을 써내려 갔다.

24. Ibu memarahi lalu menasehati Winda agar jangan malas belajar lagi.
어머니는 화를 내고 윈다에게 더 이상 공부를 게을리 하지 말라고 충고하였다.

25. Penduduk desa menangkap lalu menghajar pencuri licin itu.
마을 사람들은 그 교활한 도둑을 잡고 두드려 팼다.

Latihan halaman 181

(다음은 문제의 해석이다).

A. 접미사 "-lah"로 명령문을 만들어 보시오!

1. 동생은 새로운 신발을 샀다.
2. 마리아는 그 곳에 갔다.
3. 그 아가씨는 비싼 분을 썼다.
4. 아버지는 중요한 편지를 보냈다.
5. 그 여자는 큰 목소리로 말했다.
6. 그들은 숲으로 도망갔다.
7. 경찰은 그 도둑을 쫓았다.
8. 그 어린 아이는 열심히 공부한다.
9. 언니는 그 더러운 접시를 닦았다.
10. 그 영화배우는 즐거운 노래를 불렀다.
11. 안토는 조랑말을 그렸다.
12. 그들은 양치질을 깨끗이 했다.
13. 저 가난한 아이는 남루한 옷을 입었다.
14. 그 교수의 강의는 학생을 졸리게 한다.
15. 수실로는 그의 아버지의 개인 회사에서 일한다.
16. 우리는 오늘 오전에 뿐짝으로 곧 갈 것이다.
17. 살림의 부모는 수라바야에서 오늘 밤 돌아올 것이다.
18. 호동은 이 대학에서 인도네시아어를 배웠다.
19. 형은 워노기리에서 바틱을 갖고 왔다.
20. 루스디는 긴 바지를 입었다.

Latihan halaman 182

(다음은 문제의 해석이다)

B. 다음 문장들을 예문과 같이 바꾸어 보시오.

1. 그 바지를 입어라.
2. 저 예쁜 아가씨를 보아라.
3. 2 층으로 올라가라.
4. 꽃에 물을 주어라.
5. 너의 볼펜을 써라.
6. 새로운 바틱 셔츠를 구입하라.
7. 이 볶음밥을 먹어라.
8. 달걀 30 개를 사라.
9. 선생님에게 여쭈어 보아라.
10. 아니타의 편지를 받아라.
11. 저 신입 여대생을 아껴라.
12. 그들의 결혼 잔치를 열어라.
13. 그 복잡한 문제를 해결하라.
14. 아버지의 더러운 셔츠를 희게 하라.
15. 이번 경기에 최우수상을 쟁취하라.
16. 동생 방에 모기 약을 충분히 뿌려라.
17. 삶을 긍정적으로 살아라.
18. 네가 빌린 책을 주인에게 도려 주어라.
19. 너의 집으로 지금 돌아가라.
20. 나의 애인이 되어 주어라.

Latihan halaman 183

(다음은 문제의 해석이다)

C. "silakan" 또는 "tolong"을 사용하여 명령문을 만들어 보시오.

1. 토미는 저 큰 종을 울렸다.
2. 이라는 부엌에서 엄마를 도왔다.
3. 아궁은 부지런히 운동을 했다.
4. 선생님은 10 분간 휴식했.
5. 리사는 새로운 아이스크림을 맛보았다.
6. 재형이는 그 버스 뒤를 쫓아갔다.
7. 자야씨는 나의 사진을 벽에다 붙였다.
8. 짠드라는 회복하기 위해 약을 먹었다.
9. 하지씨는 그 무거운 책상을 교실로 들고 갔다.
10. 구두쇠는 우리의 긴 바지를 다렸다.
11. (나의) 이상형이 나의 사랑을 받았다.
12. 그 교수는 우리를 열심히 공부하게 했다.
13. 그 재미있는 아이는 엄마를 웃게 했다.
14. 수시는 그 청년에게 전화를 받았다.
15. 이인은 상위에 차려진 모든 음식을 먹어 보았다.
16. 루시는 그 일을 즉시 해결했다.
17. 안토는 이 공간의 모든 창문을 다 열었다.
18. 나는 그 서류들을 빠르고 정확하게 타자했다.
19. 동생은 그 쓴 커피에 설탕을 더했다.
20. 와띠는 우는 동생을 달랬다.

Latihan halaman 186

(다음은 문제의 해석이다)

D. "mari" 또는 "ayo"를 사용하여 청유문을 만들어 보시오!

1. 예진이는 서면으로 놀러 갔다.
2. 수빠르띠는 어려서부터 저금을 했다.
3. 우리는 그들과 회해했다.
4. 다르마는 이 공간을 정돈했다.
5. 우리는 내일 제주도로 여행갈 것이다.
6. 루스디는 어려운 단어를 외웠다.
7. 살림은 닭꼬치를 구웠다.
8. 호동은 서점에서 그 사전을 구입했다.
9. 아구스는 매일 운동을 했다.
10. 우리는 모두 점심 먹으러 갔다.
11. 나는 방을 옷장부터 청소를 했다.
12. 개미들은 매번 만날 때 마다 서로 인사를 했다.
13. 마을 사람들은 협력해서 다리를 고쳤다.
14. 에비타는 올해 대통령 선거에 참여하였다.
15. 그들은 일찍이 우리나라의 역사를 배웠다.
16. 우리는 함께 "할로 할로 반둥"을 불렀다.
17. 우리 선배들은 오리엔테이션을 위한 물건들을 준비했다.
18. 우따리는 건강을 지키기 위해 운동을 시작했다.
19. 관람객은 그날 밤 위원들이 준비한 행사를 즐겼다.
20. 리사는 가족과 함께 박물관을 방문했다.

Latihan halaman 187

(다음은 문제의 해석이다)

E. 예문과 같이 금지문을 만들어 보시오.

1. 수찌와 르스따리는 잔디 위에 앉았다.
2. 길동은 그 이상한 사람과 이야기를 했다.
3. 춘향은 정원에 잔디에 물을 주었다.
4. 쩨쩹과 윈다는 해운대에서 놀았다.
5. 아흐마드는 그 거지에게 돈을 주었다.
6. 에비타는 그 진문을 답했다.
7. 까르띠니는 지붕 위로 올라갔다.
8. 수디르만과 붕아는 교실 안에서 이야기를 했다.
9. 잘생긴 이는 집 앞에서 세차하고 있다.
10. 살림은 긴 바지를 입고 학교에 갔다.
11. 수찌는 오후에 마당을 쓸었다.
12. 그 아가씨는 항상 아무 일도 하지 않고 멍하니 앉아 있다.
13. 위도도는 차에 라디오를 크게 틀었다.
14. 그 어린 아이는 침대 위에서 뛰박질 한다.
15. 바기오는 경찰에게 거짓말을 했다.
16. 수디르만은 그 사람의 도움을 다시 받았다.
17. 우따리는 동생의 시험 결과를 보고 실망했다.
18. 그 모임은 동물과 환경에 무관심했다.
19. 그 도적은 숲에서 음식을 만들어 먹었다.
20. 루슬리는 중간고사 때 컨닝을 했다.

Latihan halaman 194

1.

a Anto menanyakan pendidikan di kota ini.	안토는 이 도시의 교육에 대해 질문했다
b. Anto meningkatkan pendidikan di kota ini.	안토는 이 도시의 교육을 향상시켰다.
c. Anto membiarkan pendidikan di kota ini.	안토는 이 도시의 교육을 방치했다.
d. Anto meluruskan pendidikan di kota ini.	안토는 이 도시의 교육을 올바르게 만들었다.
e. Anto memikirkan pendidikan di kota ini.	안토는 이 도시의 교육을 생각했다.

2.

a. Pak Guru menjalankan mobilnya.	선생님은 그의 자동차를 작동시켰다.
b. Pak Guru memundurkan mobilnya.	선생님은 그의 차를 후진시켰다.
c. Pak Guru membetulkan mobilnya.	선생님은 그의 차를 수리했다.
d. Pak Guru membersihkan mobilnya.	선생님은 그의 차를 세차했다.
e. Pak Guru memasarkan mobilnya.	선생님은 그의 차를 판매했다 (시장에 내 놓았다).

3.

a. Kak Lusi membelikan saya kue manis. 루시 언니는 나에게 달콤한 과자를 사 주었다.

b. Kak Lusi memberikan saya kue manis. 루시 언니는 나에게 달콤한 과자를 주었다.

c. Kak Lusi membuatkan saya kue manis. 루시 언니는 나를 위해 달콤한 과자를 만들어 주었다.

d. Kak Lusi menawarkan saya kue manis. 루시 언니는 나를 위해 달콤한 과자를 권해 주었다.

e. Kak Lusi menghadiahkan saya kue manis. 루시 언니는 나를 위해 달콤한 과자를 선물했다.

4.

a. Sudah lama ia menyampaikan isi hatinya pada gadis itu.

이미 오래 전부터 그는 그의 마음을 그녀에게 전하였다.

b. Sudah lama ia mengatakan isi hatinya pada gadis itu.

이미 오래 전부터 그는 그의 마음을 그녀에게 말하였다.

c. Sudah lama ia menyembunyikan isi hatinya pada gadis itu.

이미 오래 전부터 그는 그의 마음을 그녀에게 숨겼다.

d. Sudah lama ia mencurahkan isi hatinya pada gadis itu.

이미 오래 전부터 그는 그녀에게 심중을 털어 놓았다.

e. Sudah lama ia menceritakan isi hatinya pada gadis itu.

이미 오래 전부터 그는 그의 마음을 그녀에게 이야기했다.

5

a. Saya mengetikkan ayah selembar surat penting.

나는 아버지를 위해 중요한 편지 한 장을 타자해 드렸다.

b. Saya mengirimkan ayah selembar surat penting.

나는 아버지를 위해 중요한 편지 한 장을 보내 주었다.

c. Saya mengantarkan ayah selembar surat penting.

나는 아버지를 위해 중요한 편지 한 장을 전달해 드렸다.

d. Saya membacakan ayah selembar surat penting.

나는 아버지를 위해 중요한 편지 한 장을 읽어 드렸다.

e. Saya menuliskan ayah selembar surat penting.

나는 아버지를 위해 중요한 편지 한 장을 써 드렸다.

Latihan halaman 196

1

a. Winda menangisi temannya. 윈다는 그의 친구를 두고 울었다.
(※ 친구의 아픔, 죽음, 등에 함께 슬퍼한다는 뜻)

b. Winda membohongi temannya. 윈다는 그의 친구를 속였다.

c. Winda mengiringi temannya. 윈다는 그의 친구를 동반한다.

d. Winda menakuti temannya. 윈다는 그의 친구에게 겁을 주었다.

e. Winda mentertawai temannya. 윈다는 그의 친구를 비웃었다.

2.

a. Anita memotongi kertas berwarna. 아니따는 색종이를 자른다.

b. Anita melipati kertas berwarna. 아니따는 색종이를 접는다.

c. Anita merobeki kertas berwarna. 아니따는 색종이를 찢는다.

d. Anita menempeli kertas berwarna. 아니따는 색종이를 붙인다.

e. Anita mengguntingi kertas berwarna. 아니따는 색종이를 자른다.

3.

a. Ibu menguliti seekor ayam. 어머니는 닭 한 마리의 껍질을 벗긴다.

b. Ibu membumbui seekor ayam. 어머니는 닭 한 마리에 양념을 한다.

c. Ibu menggarami seekor ayam. 어머니는 닭 한 마리에 소금을 친다.

d. Ibu mencicipi seekor ayam. 어머니는 닭 한 마리를 맛본다.

e. Ibu memukuli seekor ayam. 어머니는 닭 한 마리를 친다.

4.

a. Agus mewakili mahasiswa di kelasnya. 아구스는 그의 반 학생들을 대표한다.

b. Agus menggurui mahasiswa di kelasnya. 아구스는 그의 반 학생들에게 선생 노릇 한다.

c. Agus memarahi mahasiswa di kelasnya. 아구스는 그의 반 학생들을 꾸짖었다.

d. Agus mengepalai mahasiswa di kelasnya. 아구스는 그의 반 학생들의 우두머리 역할을 한다.

e. Agus menanyai mahasiswa di kelasnya. 아구스는 그의 반 학생들에게 질문했다.

5.

a. Gadis itu mencintai Rusdi. 그 소녀는 루스디를 사랑한다.

b. Gadis itu memanasi Rusdi. 그 소녀는 루스디를 열받게 만들었다.

c. Gadis itu mengajari Rusdi. 그 소녀는 루스디를 가르쳤다.

d. Gadis itu mencemburui Rusdi. 그 소녀는 루스디를 질투했다.

e. Gadis itu menerangi Rusdi. 그 소녀는 루스디를 비추어 주었다.

Latihan halaman 198

C. 어근에 "me-kan" 또는 "me-i"를 붙여 주시오!

1. mengasihi 우리 모두 그 아이를 사랑한다.
2. menempeli 벽에 포스터를 (많이) 붙이지 마라.
3. menempelkan 루시는 편지 봉투에 우표를 붙였다.
4. menyusahkan 그의 행동은 아궁의 마음을 어렵게 한다.
5. melupakan 우리는 에펜디의 수고를 잊지 말아야 한다.
6. mengguntingi 수빠르띠는 (많은) 색종이를 잘랐다.
7. mengguntingkan 수빠르띠는 동생을 위해 색종이를 잘랐다.
8. mendekati 아궁은 그 의자로 가까이 갔다.
9. mendekatkan 아궁은 그 의자를 벽으로 가까이 하였다.
10. menduduki 이라는 그 비싼 의자에 앉았다.
11. mendudukkan 이라는 그 비싼 의자에 자신의 아이를 앉혔다.
12. mengurangi 또미는 알리의 밥을 줄였다.
13. mengurangkan 또미는 아이의 컵에서 물을 줄였다.
14. menuruni 루스디는 그 산에서 내렸다.
15. menurunkan 루스디는 그 산에서 나무를 내렸다.
16. menjilati 살림은 아이스크림을 핥았다.
17. mencobai 다르마는 모든 음식을 맛 보았다.
18. mencobakan 다르마는 아내에게 그 옷을 입혀 보았다.
19. menutupi 금달팽이는 숄로 머리를 덮었다.

20. menutupkan 금달팽이는 엄마를 위해 문을 닫았다.
21. menyembuhkan 그 의사는 아구스의 병을 치료했다.
22. menjauhkan 엄마는 아이를 이상한 사람으로부터 멀리했다.
23. menjauhi 그 아이는 이상한 사람을 멀리했다.
24. menggurui 너는 왜 자꾸 우리에게 선생 노릇을 하느냐? (잔소리를 하느냐)
25. menggurukan 엄마는 우리를 그 교수에게 배우도록 하였다.
26. memisahkan 광수는 싸우는 두 사람을 떼어 놓았다.
27. mengikuti 그 어린 아이는 아빠의 움직임을 (계속) 따라 했다.
28. mengharapkan 엄마는 루끼가 얼른 돌아오기를 바란다.
29. menamai 그는 그의 개를 리삐라 이름 지었다.
30. membawakan 살림은 내 동생을 위해 선물을 갖고 왔다.
31. mengolesi 예진이는 풀로 종이를 칠했다.
32. mengoleskan 예진이는 그 종이에 풀을 칠했다.
33. mendahului 재형이는 동생을 앞질러 뛰었다.
34. mendahulukan 재형이는 더 중요한 일을 우선시했다.
35. mempunyai 띠는 두 대의 자동차를 갖고 있다.
36. membukakan 붕아는 잘생긴 이에게 창문을 열어달라고 했다.
37. mengantarkan 쩨쩹은 윈다를 병원으로 데려다 주었다.
38. menggerakkan 그 청년은 찬장을 움직여 보았다.
39. menyakitkan / menyakiti 네 말은 내 마음을 아프게 한다.
40. menyampaikan 르스따리는 교수님의 말씀을 우리에게 전달해 주었다.
41. mengkhawatirkan 그 소식은 우리를 걱정하게 한다.
42. menceritakan 길동은 그의 경험을 그들에게 이야기 해 주었다.
43. mengusapi 엄마는 사랑스럽게 동생의 머리를 쓰다듬었다.
44. mengusapkan 엄마는 삼촌 다리에 난 상처에 알코올을 묻혀 주었다.
45. melemparkan 수디르만은 그 돌을 최대한 멀리 던졌다.
46. melempari 수디르만은 작은 개구리 한 마리를 향해 (돌을 계속) 던졌다.
47. mengangkatkan 도니는 할머니의 장바구니를 들어 주었다.
48. mengangkati 도니는 떨어진 할머니의 물건들을 주워 주었다.

49. mencarikan 에비타는 친구를 위해 도서관에서 책을 찾아 주었다.

50. menandai 자야씨는 낡은 책들에 표시를 하였다.

51. menandakan 종소리가 우리 수업이 끝났음을 알렸다.

52. mengakhiri 짠드라는 노래로 그 행사를 마무리 했다.

53. menggarisi 인드라는 빨간 펜으로 책에 줄지었다.

54. menggariskan 인드라는 그의 연설에 소통의 중요성을 밑줄쳤다. (강조하였다)

55. menemui 오늘 짠드라는 이씨를 만날 것이다.

56. menemukan 오늘 짠드라는 거리에서 지갑 하나를 발견하였다.

57. menggigiti 철수는 그 과자를 물어뜯었다.

58. menggigitkan 철수는 과자 한 조각을 그의 개에게 물려주었다.

59. menitiki 루시는 짠띵으로 그 원단에 점을 찍었다.

60. menitikkan 루시는 연인과 헤어졌을 때 눈물을 흘렸다.

Latihan halaman 201

1. (memperhatikan) 오랫동안 왕자는 그 소녀를 관찰하였다.
2. (menemani) 사람들에 의하면 그 소녀는 예쁘지 않지만 항상 부지런히 시장에서 일하는 엄마의 친구가 되어준다고 한다.
3. (menggantikan) 가끔 엄마가 아플 때는, 그녀가 시장에서 엄마를 대신하여 장사를 한다.
4. (membelikan) 엄마가 빨리 회복할 수 있도록 약을 사 드리는 것도 잊지 않았다.
5. (mengerjakan) 집에 모든 집안 일을 그녀가 한다.
6. (menjuluki) 마을 사람들이 그녀를 "보석"이라 별명을 지어준 것은 이상한 일이 아니다.
7. (mendengarkan) 처음에 왕자는 보석이와 같은 마을에 사는 부하에 이야기를 듣지 않았다.
8. (menceritakan) 부하는 항상 보석이의 선행을 이야기 해주었다.
9. (memutuskan, menemui) 그래서 어느 날 왕자는 그녀를 만나기 위해 결정을 하였다.
10. (mengunjungi) 그는 보석이 사는 마을을 방문하는 마을 청년으로 위장 하였다.
11. (mendatangi) 그는 보석의 엄마가 운영하는 가게를 일부러 방문하였다.
12. (memandangi) 왕자가 처음 소녀를 보았을 때, 그는 그녀의 얼굴에서 눈을 떼지 못했다.

13. (mendebarkan)　　누가 그녀가 아름답지 않다 말했나?

그녀의 친절한 미소와 아름다운 목소리는 왕자의 마음을 콩닥거리게 하였다.

14. (membuyarkan)　　부하의 목소리가 환상을 분산시키기 전까지 왕자는 한참 동안 넋을 잃었다.

Latihan halaman 202

E. 접사 "me-kan"과 "me-i"의 뜻을 풀어 보시오!

1. menambahkan　　아버지는 커피에 설탕을 추가하였다.

melakukan tindakan terhadap objek / (목적어)에게 (어근)을 행하다.

2. melarutkan　　아버지는 티스푼으로 (저어서) 설탕을 녹였다.

membuat objek jadi / (목적어)를 (어근)한 상태로 만들다

3. membuatkan　　마지는 나를 위해 초코 쿠키를 만들어 주었다.

melakukan untuk orang lain / 타인을 위해 (어근)을 행하다.

4. menempatkan　　마지는 쿠키를 예쁜 접시에다 놓았다.

memasukkan ke dalam / (목적어)를 (어근) 안으로 들어가게 하다.

5. menggemparkan　　그 해일재해 소식은 세계를 충격에 빠지게 하였다.

membuat objek jadi / (목적어)를 (어근)한 상태로 만들다

6. melarikan　　많은 해일재해 희생자는 집에서 도망쳤다.

membuat objek jadi / (목적어)를 (어근)한 상태로 만들다

7. mengagumkan　　보로부두르의 아름다움은 관광객을 감탄하게 하였다.

membuat objek merasa / (목적어)를 (어근)을 느끼게 하다

8. mengabadikan　　관광객은 그들의 사진기로 보로부두르를 찍었다. (영원히 간직했다).

membuat objek jadi / (목적어)를 (어근)한 상태로 만들다

9. menidurkan 그 엄마는 항상 아이를 밤 8 시에 재운다.

membuat objek jadi / (목적어)를 (어근)한 상태로 만들다

10. mendendangkan 그 엄마는 아이에게 항상 자장가를 불러 준다.

memberikan kepada / (어근)을 (목적어)에게 해주다

11. menggigiti 알리는 너무 긴장해서 손톱을 물어뜯었다.

melakukan berulang-ulang / 반복해서 (어근)하다

12. memandangi 알리는 손을 보면서 진정하려고 노력 하였다.

melakukan dengan sengaja atau dengan tujuan tertentu / 특별한 목적을 갖고 (목적어)를 (어근)하다

13. mengambili 그 책상에 새 종이를 가져가지 마라.

melakukan berulang-ulang / 반복해서 (어근)하다

14. menjahili 그 어린 아이를 놀리지 마라.

bersikap~kepada / (목적어)에게 (어근)의 태도를 취하다

15. mengunjungi 지난주에 우리는 따만 미니를 방문하였다.

melakukan dengan sengaja atau dengan tujuan tertentu

특별한 목적을 갖고 (목적어)를 (어근)하다

16. memiliki 인도네시아는 다양한 문화와 언어를 갖고 있다.

membuat objek jadi / (목적어)를 (어근)한 상태로 만들다

17. membanjiri 많은 방문객이 야시장에 왔다.

melakukan dengan sengaja atau dengan tujuan tertentu

특별한 목적을 갖고 (목적어)를 (어근)하다.

18. memotongi　　　　동생은 색종이를 잘랐다.

melakukan berulang-ulang / 반복해서 (어근)하다.

19. merambati　　　　그 식물은 우리 학교 담에 퍼져 올랐다.

melakukan dalam jumlah banyak / 많이 하다.

20. melompati　　　　운동선수는 장벽을 매우 날렵하게 뛰어 넘는다.

melakukan berulang-ulang / 반복해서 (어근)하다.

Latihan halaman 210

A. 다음 어근에 접두사 'pe-'를 붙여 주시오.

1. pengajar/pelajar　저 사람은 우리 학교에 선생/학생이 된지 오래다.
2. pendiam　말 수가 적은 저 아이는 독서를 좋아한다.
3. pemikir　얼굴을 보면 그는 생각쟁이인것을 알 수 있다.
4. pembuka　병따개를 갖다 주세요.
5. penari　그들은 유능한 무용수를 보고 반해버렸다.
6. penembak　경찰은 아직 미스테리한 사격자를 찾지 못했다.
7. penyuruh　우리는 누가 이 비밀 업무를 시킨 사람을 찾아야 한다.
8. pesuruh　명절날, 이씨는 그의 부하에게 특별한 선물을 주었다.
9. pegolf　아이의 부모는 아이를 유명한 골프 선수로 만들고 싶어한다.
10. pemabuk　루키의 아버지는 심한 알콜 중독자이다.
11. pekerja　저 열심히 일하는 사람은 결국 부자가 되었다.
12. pengusaha　저 사업가가 왜 망했는데 저는 이해를 못합니다.
13. pemisah　우리 사이에 갈라 놓은 절벽이 있는 것을 원하지 않다.
14. pemurah　김씨는 관대한 사람으로 유명하다.
15. pemanas　띠노는 난방을 꺼놓는 것을 잊었다.
16. pengganti　보기에 저 무서운 선생이 우리 선생 대신 오신것 같다.
17. pemimpin　이른 새벽부터 이 회사의 지도자/회장은 바쁘다.
18. penduduk　주민에 의하면 멧돼지가 그들의 밭을 망가뜨렸다.

19. penjerat　　그렇기 때문에 그들은 멧돼지 덫을 설치하였다.

20. pengalih　　이 소설의 번역가는 매우 타고났다.

21. pencinta　　우리 학교 자연을 사랑하는 사람들의 모임은 내일 지리산으로 갈 것이다.

22. pewangi　　어디서 이 방향제를 받았어?

23. penghitung　　그 돈을 돈 세는 기계에 넣으세요.

24. pendukung　　그 사실을 확인하기 위해 입증 자료가 필요합니다.

25. pembantu　　우리의 가정부는 워너기리 출신이다.

26. pembuat　　이 지역에는 옹기장이들이 많이 거주하고 있다.

27. pembuat　　옹기장이들은 어려서부터 훈련되었다.

28. pemalas　　저 게으름뱅이는 오늘 역시 늦잠을 잤다.

29. perasa　　그를 괴롭히지 마. 그는 매우 예민해.

30. pembohong　　마을에서 왜 저 사람을 사기꾼이라고 하는지 이상하다고 생각하지 않아.

31. pendiri　　저 웅장한 건물의 건축자는 누구야?

32. penghasil　　왜 저 사탕수수 밭을 폐쇄시켰나?

33. pemain　　우리는 저 드라마 연기자를 인터뷰 할 계획이다.

34. penghapus　　나의 볼펜 지우개를 돌려줘.

35. pemberontak. pemerintah　　반역자들은 정부 건물 앞에 폭동을 이르켰다.

36. pemandu　　모든 여행자들은 저 친절한 안내자(가이드)를 좋아한다.

37. pengajar/pelajar　　착하고 교만하지 않은 저 선생/학생은 알고보니 대통령의 아들이다.

38. pelukis　　와띠는 오래전 부터 저 작은 도시에서 화가로 있었다.

39. pendatang　　린다는 우리 도시에 방문하는 사람 (손님/외부인)이다.

40. pencuri　　이틀 동안 조사 끝에 그 도둑은 풀려났다

Latihan halaman 212

B. 빈칸에 올바른 단어로 채우시오.

1. pengetik　　수떠뻐씨는 출판사에 타이피스트이다.

2. penjemput　　올림픽 선수들을 픽업하는 모든 버스는 호텔 앞에 준비하였다.

3. pengharum　　내 생각엔 이 화장실은 방향제가 필요해.

4. penziarah　　현충일에 많은 참배자들이 국립묘지에 왔다.

5. pembicara 그 세미나에 이완은 연설자로 초대되었다.

6. penutup 이 푸딩은 후식으로 제공된다.

7. pendatang 이 나라에 외국인 방문자는 모두 출입국 사무실에 의무적으로 입국신고를 해야 한다.

8. pembantu 미나는 우리 집 가정부로 일하고 있다.

9. pemimpin 그 군대는 지도자를 매우 충실하다.

10. pelamar 그 일은 매우 매력적이다. 지원자가 많은 것은 놀랄일이 아니다.

11. pengarang 동생은 소설가(소설 작가)가 되고 싶어한다.

12. penerima 편지봉투에 수취인의 이름 적는 것을 잊지 마세요.

13. pendukung 선거운동에서 대통령 후보자들은 최대한 많은 지지자들의 표를 받으려고 노력한다.

14. pemarah 그 심술쟁이는 항상 우리 일 결과에 만족하지 못한다.

15. penyamar 그 교활한 도둑은 간교한 위장자로 유명하다.

16. pengikut 그 이단교 신자 (이단교를 따르는 사람)은 결국 감옥에 들어가게 되었다.

17. pelukis 아판디는 인도네시아의 유명한 화가이다.

18. periang 루시는 에비타가 명랑한 아이이게 때문에 그와 사귀는 것을 좋아한다.

19. penanam 이 나라에 외국인 투자가들은 비자를 쉽게 얻는다.

20. petunjuk 어머니는 매일 밤 신의 지시를 구하기 위해 기도드린다.

21. pencuci 이 세탁기는 삼성이 만들었다.

22. perokok 심한 흡연자는 폐암에 쉽게 걸린다.

23. pereda 사리돈은 두통 완화제이다.

24. pemurung 성격 때문에 우울쟁이는 쉽게 친구들과 적응을 못한다.

25. pengangkut 이 시장에는 많은 청년들이 짐을 운반하는 사람으로 일한다.

26. pemisah 두 건물을 분리했던 울타리는 오늘 무너졌다.

27. pelajar 부미 초등학교에 모든 학생들은 이번 시험에 모두 합격했다.

28. pengocok 계란 뒤섞는 도구를 어디에 두었니?

29. pengendara 모든 오토바이 운전자는 헬멧을 착용해야 한다.

30. pemain 우리가 제일 좋아하는 축구선수는 박지성이다.

Latihan halaman 213

C. 다음 어근에 "pe-an"을 붙이시오!

1. pengumuman 살림은 시험 공고를 기다리고 있다.
2. pemberitahuan 붕아는 지난주에서야 바로 그날의 공지(公知)를 들었다.
3. perekonomian 아디는 우리 나라의경제 동향에 관한 이야기를 할 때 가장 열정적이다.
4. perhitungan 수디르만의 계산/예상은 지금까지 빗나간 적이 없다.
5. penambahan 까르띠니는 우리 학교 교정에건물 추가 건설은 불필요하다고 했다.
6. pertambahan 아흐마드는 한국의 인구 수 증가율이 크지 않다는것을 알아냈다.
7. pertambangan 에비타는 광업 분야에 종시하시는 아버지를 두고 있는 친구가 있다.
8. penambangan 무절제한 원유 채굴은미래에 에너지 부족을 야기할 것이다.
9. pelaksanaan 짜쩹은 북한의 핵 실험 실시가 심각하다고 생각한다.
10. penanaman 위다의 집 근처에 인삼 재배지(栽培地)가 있다.
11. pembicaraan 그 토의로부터 수찌는 그 사람을 확실히 믿을 수 없다고 결론지었다.
12. penglihatan 오늘 르스따리는 그의 날카로운 시력을 증명하였다.
13. penggorengan 뜨거운 기름으로 굽기 과정을 거친 후, 그 감자는 깔끔하게 포장되었다.
14. peraturan 정부는 동성결혼에 관한 규정을 다시 숙고 중이다.
15. pengaturan 군 사령관은 오늘 훈련할 부대를 분류하는 중이다.
16. pembacaan 그 행사에서, 시 낭독은 아궁이 맡게 되었다.
17. perebutan 예쁜 그 여대생을 얻기 위한 경쟁은 과대표와 과부대표 사이에서 일어났다.
18. pelabuhan 가을이면 광수는 종종 항구에 간다.
19. perubahan 외모에 변화를 주고 싶어서 잘생긴 이는 머리에 변화를 주었다.
20. pencobaan 아구스는 어려운 상황에 있는 그의 친구를 위로하였다.
21. percobaan 절대 위험한 실험은 하지 말아야 합니다.
22. pelacuran 경찰들은 그 도시의 매춘지역을 수색하였습니다.
23. percintaan 누가 그들의 애정관계를 끊어 놀 수 있겠는가?
24. pertandingan 한국과 일본의 축구경기가 언제 시작될 예정인 인가요?
25. perkembangan 교수들은 그 세미나에 인도네시아어의 발달사에 대해 이야기를 할 것이다.
26. pengembangan 그 외에도 그들은 또한 대학생들의 재능 계발에 대하여 논의할 것 입니다.
27. pengharapan 그는 기대에 찬 마음으로 그 소녀를 바라보았다.
28. pengeluaran 그 가정의 경제사정은 그들이 소비를 줄인 이후로 좋아졌다.

29. pemakaman　　이따는 그의 아버지 장례식에 참석했어야 했다.

30. pencucian　　그 경제사범들은 돈세탁 하려고 시도했다.

Latihan halaman 215

D, 다음 문장들을 보기와 같이 만들어 보시오.

1. pemutusan　　범죄자는 그 집으로 들어가기 전에 전기회로를 끊어버렸다.
2. peningkatan　　우리 대학교의 교수진들이 수업의 질을 향상시켰다.
3. penampungan　　몇몇 학교가 자연재해 난민들의 쉼터가 되었다.
4. pendinginan　　아이스크림을 만드는 데에는 적어도 4 시간이 걸린다.
5. perkotaan, pedesaan 보통 도시에 사는 사람들이 시골에 사는 사람들보다 재료를 더욱 신경 쓴다.
6. pengadilan　　에펜디는 그 재판의 사건에 연루되고 싶지 않다.
7. persyaratan　　이 많은 지원자들 중 루스디만 조건을 충족했다.
8. perbedaan　　살림에게 있어서 피부색의 차이는 그다지 중요하지 않다. 누구나 그의 친구가 될 수 있다.
9. pemberantasan　　다르마는 그 시골에서 문맹퇴치를 이끌었다.
10. penetasan　　자야씨는 그 거북이 알의 부화를 직접 보았다.
11. persahabatan　　짠드라는 안떠와 오랫동안 친분관계를 맺고 있다.
12. pemusatan　　깍쟁이 씨는 상가를 지을 꿈을 가지고 있다.
13. pendalaman　　예진이는 심리학 연구를 한다.
14. pemanasan　　수영을 하기전에, 라띠는 항상 가열운동(준비운동)을 한다.
15. penyimpanan　　하지씨의 집에는 쌀 창고 있다.
16. pernikahan　　잘생긴 이는 애인과 결혼하는 상상을 하면 행복해진다.
17. persamaan　　이라와 그의 동생의 유사점은 그들은 검은 머리를 가졌다는 것이다.
18. perjalanan　　다가오는 방학에 린다는 일본으로 여행을 갈 예정이다.
19. perbaikan　　몇 차례 경고를 받았음에도 불구하고, 아직 루시는 개선을 하지 않는다.
20. penghiburan　　어려운 시기에 모든 사람들은 위로의 말을 듣길 바란다.

Latihan halaman 218

E. 빈칸에 알맞은 것으로 채우시오!

1. perikanan 바닷가 사람들의 경제활동 중 하나는 어업이다.
2. permintaan 최근에 그들은 이례적으로 늘어난 소비자 수요 때문에 버거워한다.
3. penetapan 오늘 우리는 이 대학교의 새로운 총장 선정을 공지하였다.
4. penginapan 마침내 그들은 큰 길에서 조금 멀리 떨어진 한 숙박시설을 발견했다.
5. pencurian 이 마을의 전기 절도행위는 그 지역의 정전을 자주 야기시켰다.
6. penetasan 아이들은 실험실 안에 있는 달걀의 부화 과정을 지켜보았다.
7. pertengkaran 친구들간의 작은 다툼은 일반적으로 누구에게나 일어난다.
8. persekongkolan 그 마약조직 공모에 공무원과 사법부 관계자가 연류된 것으로 밝혀졌다..
9. penglihatan 가시거리가 좁은 사람은, 일반적으로 마이너스 안경을 착용해야 한다.
10. pengeluaran, pendapatan 지출이 수입보다 항상 크다면, 우리의 경제 상황은 안좋아 질 것이다.
11. perusahaan 안또는 그 신발 회사의 공석을 확인하고 지원서를 보냈다.
12. pembakaran, pertanian. 사람들은 과거에 경작지를 개간하기 위해 화전을 일구었다.
13. pemberian 아기가 한살이 되기 전에 아기에게 예방접종을 해야 한다.
14. pembicaraan 그들은 수화로 대화를 했다.
15. pelacuran 경찰은 그 매춘 현장에 단속을 실시했다.
16. persamaan 인도네시아어와 말레이어는 많은 공통점을 같고 있다.
17. penerangan 그 일반 도로의 조명시스템은 최대한 에너지를 절약할 수 있도록 하였다.
18. penyediaan 지방 정부는 지역 주민에게 자체적으로 깨끗한 물을 공급할 수 있도록 노력한다.
19. pengadaan 그들은 그 자동차를 구입하기 전에 자동차 부품의 재고를 따져봐야 했었다.
20. pembaringan 왕은 잠자리가 덜 푹신하다고 불평했다.

Latihan halaman 223

A. 괄호안 단어에 '-an' 접미사를 붙이시오!

1. undangan 그들의 결혼식 초대는 그의 마음을 찢어지게 하였다.
2. buatan 그 회사에서 만든 물품은 이미 유명하다.
3. ukiran 보로부두르 사원에 있는 조각품은 부처의 삶에 대해 알려준다.

4. bimbingan 아이들은 그들의 부모님과 선생님의 지도에 따라 성장할 것이다.

5. manisan 나는 엄마가 만들어주는 단것(사탕/과자)을 제일 좋아한다.

6. potongan 아빠께서는 스크랩을 위해 신문에서 뉴스의 일부분을 항상 수집하신다.

7. tepukan 그날 저녁행사는 모든 고객들의 박수갈채를 받으며 마무리 되었다.

8.ramuan 할머니의 제조한 전통약 덕분에 우리가족 모두는 감기에 걸린적이 없다.

9. rampasan 나는 그의 모든 재산들이 약탈품의 결과라는 것을 거의 믿지 못하였다.

10. rintihan 간호사가 주사를 놓을 때에 꼬마의 신음소리가 들렸다.

11. jeritan 그날 밤, 마을 사람들은 그 집에서 소리지르는 것을 듣고 잠에서 깼다.

12. letusan 폭발하는 소리와 함께 형형색색의 불꽃을 내뿜으며 폭죽이 터졌다.

13. kenangan 지난 시절의 추억을 회상할 수 있기 때문에 그는 사진 모으는 것을 좋아한다.

14. dagangan 새벽부터 모든 상인들은 그날의 상품을 준비했다.

15. tekanan 오랫동안 아버지는 고혈압을 앓고 계신다.

16. semprotan 살충제를 너무 많이 사용하면 숨쉬기 어려울 수 있다.

17. serangan 모든 군사들은 적의 공격을 막을 수 있게 전략을 세우고 있는 중이다.

18. nyanyian 잠시만 기다려봐, 나 이 노래 들어본 적 있는 것 같아.

19. lipatan 그는 옷장속에 개어진 옷 사이에서 부인이 숨겨놓은 돈을 찾았다.

20. kerutan 그 요부는 얼굴 주름을 줄이기 위해 비싼 화장품을 발랐다.

21. latihan 매일 학생들은 드라마 연습을 위해 과방에 모인다.

22. tuntunan 그 맹인은 충실한 그의 안내견의 도움으로 길을 건넌다.

23. ajaran 우리는 이선생님의 모든 가르침을 잊지 않을 것이다.

24. rayuan 조심해! 그의 유혹에 먹히면 안 돼.

25. dorongan 실은 내가 쉽게 포기하지 않도록 나의 애인이 항상 용기를 주었다.

26. gerakan 그 어린 아이는 아버지의 행동을 흉내내는 것을 좋아한다.

27. gambaran 그들은 아직 우리의 계획에 대한 정확한 그림을 얻지 못한 듯 하다.

28. jempolan 그는 우리 도시에서 가장 우수한 경찰이다.

29. gantungan 여행객들이 가장 많이 구입하는 여행 선물은 열쇠고리이다.

30. ribuan 수천 명의 사람들이 그날 밤에 불꽃 축제를 보기 위해 왔다.

Latihan halaman 225

B. 다음 빈칸에 알맞는 단어로 채우시오!

1. ramalan 날씨 예보에 따르면 오늘은 추울 것이다.
2. jempolan 그는 우리 도시에 최고의 의사입니다.
3. sembunyi-sembunyian 아이들은 학교 운동장에서 숨바꼭질을 하고 있다.
4. masakan 엄마의 요리는 항상 맛있다.
5. sayur-sayuran 그 아이는 야채 먹는 것을 싫어한다.
6. kampungan 그 촌스러운 청년은 아직 애인이 없다.
7. bacaan 저 엄마는 아이를 위해 어려운 읽을 거리(책)를 구입했다.
8. mobil-mobilan 이 장난감 자동차는 어렷을적 아빠의 장난감이다.
9. jutaan 밤이면 여기서 당신은 하늘에 수백만개의 별을 볼 수 있습니다.
10. kejutan 알리의 아내는 생일에 항상 특별한 깜짝 선물을 바란다.
11. kuda-kudaan 우리 엄마가 어렸을 때는 우리 집 동네에 다니던 회전 목마가 있었다.
12. asinan 그 오이 짠지를 이리로 갖고 오세요!
13. daun-daunan 잎사귀로 만들어진 저 옷은 꽤 오래 간다.
14. satuan 인도네시아에서 체중을 재기 위한 단위는 킬로그램이다.
15. masak-masakan 우리가 어렸을 때 나와 동생은 하루 종일 소꼽놀이를 했었다.
16. rekaman 경찰은 그 통화녹음을 조사하고 있다.
17. puluhan 축하합니다! 이 수십개의 선물은 특별히 당신을 위한 것입니다.
18. manisan 라마단 기간에 보통 사람들은 단 과자를 판다.
19. ingusan 코흘리개는 지금 장관이 되었다.
20. buah-buahan 그 가게는 수입된 각종 과일을 팔고 있다.

Latihan halaman 226

C. 괄호안 단어에 'ke-an'을 붙이시오!

1. kecanduan 그는 오랫동안 마약에 중독되었다.
2. kepentingan 이 건물은 공공의 유익을 위해 지어졌다.
3. kemampuan 토미는 그의 영어 능력을 시험했다.
4. kejeniusan 이라의 천재성은 우리를 놀라게 했다.

5. Agung 아궁은 저 해변의 아름다움에 감탄한다.

6. kekuningan 철수의 머리카락 색은 약간 노랗다.

7. kebersihan 라띠는 항상 환경 청결에 주위를 기울인다.

8. keasinan 효리는 지나치게 짠 음식을 좋아하지 않는다.

9. kebanyakan 대부분의 한국인들은 김치먹는 것을 좋아한다.

10. kekenyangan, kebanyakan 예진이는 너무 많이 먹어서 배부르다.

11. keibuan 그 남자는 그 자상한 소녀를 좋아했다.

12. kemenangan 찬드라는 그의 친구들과 함께 한국축구대표팀의 승리를 축하했다.

13. kepergian 그 아이는 엄마가 돌아가신다는 것을 듣고 울었다.

14. keyakinan 그는 그 문제에 대한 강한 믿음을 갖고 있다.

15. ketakutan 찬드라는 땅지렁이를 보고 겁을 먹은 그의 동생을 진정시켰다.

16. kemajuan 이 나라의 경제 발전은 점점 증가하고 있다.

17. kerepotan 자야씨는 쌓여있는 업무에 시달리고 있다 (버거워 한다).

18. kepemimpinan 다르마는 우리 지도자의 통솔력에 의구심을 품지 않았다.

19. keterangan 루스디는 그 병 뒤에 있는 설명서를 읽었다.

20. kemenangan 그들은 그들 팀의 승리를 두고 환호했다.

21. keraguan 조금이라도 네 마음속에 의심이 있으면, 이 일을 하지 마라.

22. kepercayaan 이씨는 우리 회사 사장님의 오른팔이다 (사장이 믿는 사람이다).

23. kekayaan 그 사람의 재산은 부패의 결과이다.

24. kelihatan 저 아이는 음악에 재능이 있어 보인다.

25. kelihatan 저 아이는 이곳에서 보인다. (여기서 그 아이가 보인다).

26. kepunyaan 내가 듣기로는 이 대학교는 내 할아버지의 소유이다.

27. kecoklatan 봄에 모든 식물들은 갈색을 띠고 있다.

28. kemauan 윈다는 좋은 점수를 얻기 위한 강한 의지를 가지고 있다.

29. keadaan 인도네시아의 경제 상황은 갈수록 좋아지고 있다.

30. keonaran 저 고집 센 청년들은 또 다시 말썽을 피운다.

Latihan halaman 228

D. 빈칸에 알맞은 단어로 채우시오!

1. ketenangan 당신은 이 병실에서 정숙을 지켜야 해요.
2. kerusakan 저 환자는 뇌에 손상을 입었다.
3. kesedihan 저 환자의 가족들은 슬픔을 참으려 노력하고 있다.
4. keterangan, keadaan 의사는 아직 환자의 세부적인 상황에 대해 설명하지 못했다.
5. kesayangan 어렸을 때부터 막내 동생은 어머니가 애지중지한 아이다.
6. kebiasaan 어머니께서는 식사 후에 이 닦는 습관을 가르쳐주셨다.
7. kekanakan 지금까지 막내는 어리광을 부린다.
8. kesibukan 아버지의 바쁜 일정은 아버지와 우리를 멀어지게 한다.
9. ketenangan 주말에 아버지는 자연의 고요함을 만끽하기 위해 종종 낚시를 가신다.
10. keletihan 그러므로 아버지는 한주동안 피로를 푸신다.
11. kehitaman 햇볕에 타서 아버지의 피부는 조금 검다.
12. keuntungan 아버지에게는 명예는 많은 이익을 얻는 것 보다 더 의미 있다.
13. kekayaan, kebahagiaan 그 분은 부유함이 항상 행복을 가져다주지 않다고 우리에게 충고하셨다.
14. keberanian 아버지께서는 여러 가지 도전에 직면할 용기를 심어 주셨다.
15. kebapakan 모든 직원은 아버지의 자상함 때문에 아버지를 좋아한다.
16. kesebelasan 저 사람은 우리 도시 축구팀의 일원이다.
17. kepercayaan, kecerobohan 코치의 오른팔(믿은 사람)이 그 실수를 했을 것이라고 생각치도 못했다.
18. kejahatan 우리는 여전히 그 사람의 범죄는 의도치 않은 것이라고 추측한다.
19. kemiskinan 그 작은 도시의 범죄 지수는 사회 빈곤과 긴밀한 관계가 있는 것으로 추측된다.
20. keamanan 경찰은 그 도시에서 안전을 높이기 위해 동원되었다..
21. kesatuan 경찰 연합팀은 순찰차로 무장되었다.
22. keributan 경찰팀의 동원됨으로, 그 도시 시장에서 종종 나던 소란이 줄어들었다.
23. kemanisan 네가 준 사탕은 너무 달다.
24. kepahitan 이런 사탕은 이 약의 쓴 맛을 줄여주기에 적당하다.
25. kelebihan 인사과의 수장은 그 지원자의 장점을 평가했다.
26. kelihatan 그 구직자(지원자)는 정직하고 영리해 보였다.

27. kekurangan 당신의 도움 덕분에, 우리는 이제 아무것도 부족하지 않아요.

28. kebaikan 당신의 친절함에 깊은 감사를 드립니다.

29. keramahan 인도네시아인은 친절함으로 유명하다.

30. keaslian 보석의 진위성은 가격에 영향을 준다.

31. kejatuhan 구두쇠는 행운을 받았기 때문에 기뻤다.

32. kegembiraan 하지만 빚을 갚아야 했기 때문에 그의 기쁨은 잠시였다.

33. keibuan 구두쇠는 그 자상한 아가씨에게 사랑에 빠졌다.

34. kecantikan 더구나 그 아가씨의 아름다움은 매우 감탄스럽다.

35. kebaratan 우리 선생님의 말투는 살짝 서양스럽다.

36. kedengaran 우리 선생님이 영어로 말하면, 미국인처럼 들린다.

37. ketidaktahuan 내 무지함을 용서해 주세요.

38. keyakinan 나는 당신의 믿음(신앙, 확신)을 얕보려는 의도가 아닙니다.

39. kejadian 그러나 당신이 이야기한 사건은 내 생각엔 이성적이지 못합니다.

40. kepastian 다시 한 번 그 사건에 대한 확실성을 말해줄 수 있어요?

Latihan halaman 234

A. 괄호안 단어를 접두사 'se-'와 붙이시오!

1. sekotak 수빠르띠는 단 과자 한 박스를 가지고 있다.

2. seisi 내 호의는 우리 반 모두가 알고 있다.

3. serumah 그들은 나와 함께 한 집에서 오랫동안 살았다.

4. seganteng 아디는 수디르만만큼 잘생기지 않았지만, 그 또한 유명하다.

5. sekamar 수찌와 한 방을 쓰는 친구는 책벌레이다.

6. sepandai 그 책벌레는 그의 교수님만큼 영리해지고 싶어 한다.

7. setinggi 그 건물은 야자나무만큼 높다.

8. semerah 그 소녀의 입술은 석류만큼 빨갛다.

9. sesuap 오늘 그는 아직 한 수저(한 입)도 먹지 못했다.

10. searah 아궁은 윈다의 집이 그의 집과 같은 방향인 것을 모른다.

11. setuju 그들은 모두 그 제안에 동의했다.

12. setinggi 그 건물은 야자나무만큼 높지 않다.

13. secepat 그 사슴은 표범만큼 빠르게 달리지 못한다.

14. sepenuh 매일 밤, 엄마는 항상 우리를 위해 온 마음을 다해 기도한다.

15. segenap 그 책상을 미는데 온 힘을 동원됐다.

16. seterang 우리 마을의 조명시설은 아직 주민들의 바램만큼 그렇게 밝지 않다.

17. sehati 그 두 청년은 함께 살기로 같은 마음을 가지고 있다.

18. sejenak 철수는 기자의 질문에 답하기 전에 잠시 조용했다.

19. semeriah 내년 축제는 올해만큼 성대할 수 있을지 모르겠다.

20. seragam 초등학교 학생들은 모두 새 교복을 입었다.

Latihan halaman 235

B. 괄호안 단어를 접사 'se-nya'와 붙이시오!

1. sebisanya 얀또는 할 수 있는 만큼 그 시험을 치렀다.

2. seadanya 자, 우리 있는 대로 먹자!

3. sepulangnya 캠퍼스에서 돌아오자마자, 까르띠니는 애인에게 전화를 했다.

4. semaunya 항상 멋대로 행동하기 때문에 우리는 이씨를 싫어한다.

5. setidaknya 적어도 (모르긴 몰라도) 다르마는 지금 설거지를 하고 있다.

6. seharusnya 르스따리는 그 축제에 마땅히 가야만한다.

7. sepantasnya 만약 그분을 뵙기를 원한다면, 너는 적당한 옷을 입어야한다.

8. sebaliknya 오빠는 이렇게 생각한다. 반면에 나는 저렇게 생각한다.

9. sejenisnya 나는 박테리아 또는 그와 같은 종류의 것을 본 적이 없다.

10. sesungguhnya 사실, 나는 당신의 대답에 만족을 하지 못해요.

11. sebenarnya 나는 당신의 진심을 모르겠어요.

12. sejujurnya 저에게 솔직하게 말씀해 주세요.

13. seenaknya 너는 누구 맘대로 이 줄을 새치기 하려고 하느냐?

14. setibanya 그는 그 도시에 도착하자마자 집에 전화 하는 것을 잊지 않았다.

15. sebelumnya 먼저, 감사의 말씀을 드립니다.

16. secepatnya 최대한 빨리 당신의 소식이 있기를 기다립니다.

17. sekembalinya 그 곳에서 돌아오자마자 그는 우리의 지도자에게 신고했다.

18. selekasnya 우리는 그 일을 신속하게 마무리 할 것이다.

19. sepenuhnya 그는 나에게 온전한 (모든) 책임을 맡게 하였다.

20. seterusnya 여기까지가 제가 책임지고, 그 다음으로는 당신에게 맡기겠습니다.

Latihan halaman 236

C. 괄호안 단어를 접사 'se-R-nya'와 붙이시오!

1. sekaya-kayanya 사람이 아무리 부유할지라도 더 부유한 사람이 있기 마련이다.
2. seindah-indahnya 그는 방을 최대한 아름답게 꾸몄다.
3. sebanyak-banyaknya 음식이 무료라서, 길동은 가능한 많이 먹었다.
4. serajin-rajinnya 이번 학기에 재형은 최대한 부지런히 공부하였다.
5. setinggi-tingginya 아구스가 아무리 키가 커도 형이 더 크다.
6. sebagus-bagusnya 그는 풍경을 최대한 아름답게 그렸다.
7. sekeras-kerasnya 그 여인은 최대한 크게 비명을 질렀다.
8. semerdu-merdunya 그 어린아이는 최대한 청아하게 노래를 불렀다.
9. secantik-cantiknya 르스따리는 오늘 데이트를 위해 최대한 예쁘게 자신을 꾸몄다.
10. seramah-ramahnya 아버지와 어머니께서는 그 손님을 최대한 친절하게 대해 주셨다.
11. selama-lamanya 황금 달팽이와 왕자는 오래오래 행복하게 살았습니다.
12. sebaik-baiknya 맡은 일에 최선을 다하라!
13. sejauh-jauhnya 최대한 멀리 내다보아라!
14. sedalam-dalamnya 아버지께서는 운동하는 중에 심호흡을 하셨습니다.
15. secepat-cepatnya 가능한 빨리 당신의 소식을 기다리겠습니다.
16. sekurang-kurangnya 저 사람은 최소 징역 3년형을 선고 받았다.
17. sepandai-pandainya 아무리 뛰어난 어부라도 이런 날씨에 무사하기란 불가능하다.
18. selama-lamanya 그 소녀는 끝내 영영 눈을 감았습니다.
19. serapi-rapinya. 어질러진 네 방을 깨끗이 정리해라!

20. sejauhnya-jauhnya　그는 최대한 멀리 내다보았다.

Latihan halaman 237

D. 괄호안 단어를 잡사 'se-', 'se-nya' 또는 'se-R-nya'와 붙이시오!

1. sejuta　인도네시아에 수백만 가지의 자연의 아름다움을 볼 수 있습니다.
2. sepasang　그 한 쌍의 비둘기는 우리집 지붕 위에 둥지를 만들었다.
3. sedesa　그 도난 사건은 온 마을 사람의 마음을 경악시켰다.
4. semobil　아구스는 아내와 함께 같은 차를 타고 왔다.
5. sebus　어떻게해서 너는 그녀와 같은 버스를 타고 이곳으로 오게 된 거니?
6. seramah　최대한 친절하게 그를 대접해야합니다.
7. seramah-ramahnya　그 사람의 지위를 듣고, 우리는 최대한 친절하게 대접하도록 노력했다.
8. sejelek　그의 작품이 그 정도로 나쁜가요?
9. sejelek-jeleknya　아무리 나쁜 나라일지라도, 그곳이 당신의 고향이에요.
10. serapi　언제부터 너는 이렇게 깔끔하게 옷을 입었니?
11. serapi-rapinya　썩은 물건을 아무리 깔끔하게 포장해도, 결국은 냄새가 날 수 밖에 없다.
12. semestinya　부패 문제를 해결하기 위해 공무원은 명백한 비전을 갖고 있어야 한다.
13. sebelum　먹기 전에 우선 손을 씻어야 한다.
14. sebelumnya　그 문제는 우리가 그전에 생각해 본 적 없다.
15. sebaliknya　알리는 항상 와띠에게 친절한 반면 와띠는 그렇지 않다.
16. setibanya　해변에 도착하자마자, 그들은 바로 수영을 했다.
17. selama　그는 일주일간 어떤 고기든 먹을 수 없다.
18. selamanya　인생에 먹구름이 항상 끼지는 않아.
19. sebanyak　피고는 징역 5년형 또는 천만 루피아의 벌금형에 처한다.
20. selamanya　그 소녀는 평생 그들의 비밀을 지킨다.
21. sesudah　왜 우리는 보통 점심을 먹고 졸까?
22. sesudahnya　결혼 전에 눈을 크게 뜨고, 결혼 후에는 눈을 감아라.
23. sebesar　그를 향한 사랑이 얼마나 크니?
24. sebesar-besarnya　너의 목적은 연모가 아니라 최대한 많은 이익을 챙기는 것이다.

25. sebesar-besarnya	매우 후회하면서 그는 용서를 구했다.
26. setebal	새로 나온 핸드폰은 겨우 8.8mm 이다.
27. setebal-tebalnya	그들 그 철문을 최대한 두껍게 디자인했다.
28. seenak	그 주지사는 국민의 땅을 자기 마음대로 옮겼다.
29. seenaknya.	많은 기업인들이 마음대로 가격을 정한다.
30. seenak-enaknya	아무리 음식이 맛있다 하여도, 혓바늘이 있으면 입에 맛이 없을 것이다.
31. secantik	그 아가씨가 사진에서만큼 예쁘지 않아 그는 실망했다.
32. secantik-cantiknya	장미가 아무리 아름다워도 시들게 되어 있다.
33. seselesainya	그 업무가 끝나자마자 우리는 저녁 먹으러 서둘렀다.
34. seluas	북극은 자바섬 10 배가 되는 빙하를 잃었다.
35. sebangku	뚜띠의 동생과 내 동생은 반에서 짝궁이다.
36. segalak	화가 나면 그 고양이는 호랑이만큼 사납다.
37. segalak-galaknya	개가 아무리 지저도 행인은 지나가 버린다.
38. seindah	그 카메라는 실물만큼 잘 찍는다.
39. seindah-indahnya	그들은 꽃들을 최대한 아름답게 꾸몄다.
40. segiat-giatnya	아무리 열심히 일해도 밥 먹는 것은 잊지 마라.

Latihan halaman 242

A. 괄호안 단어를 접두사 'memper-'과 붙이시오!

1.memperanak	그 자상한 관리자는 그 고아인 소녀를 아이로 여긴다.
2.memperlambat	에펜디는 그 차의 속도를 늦췄다.
3.mempercepat	너무 늦어서 윈다는 그의 걸음에 속도를 내었다.
4.mempersulit	그 교수님께서는 우리의 졸업시험을 어렵게 만드셨다.
5.mempermudah	KTX 는 서울과 대도시 간의 교통을 용이하게 한다.
6.memperbesar	잘 들리지 않아서 윈다는 그 라디오의 소리를 키웠다.
7.memperbanyak	거기에 있는 모든 상점들은 상품들의 종류를 증가시켰다.
8.memperkuda	그 나쁜 여자는 그의 남편을 노예처럼 부린다.
9.memperindah	르스따리는 그 파티홀을 아릅다게 꾸미도록 노력하였다.

10.mempertuan 그들은 그 잘생긴 이를 주인으로 여긴지 이미 오래 되었다.

11. memperlebar 지방 자치단체 정부는 항상 도로를 확장할 것이라고 약속한다.

12. mempersempit 지나치게 많은 콜레스테롤은 혈관을 더 좁게 한다.

13. memperhijau 쩨쩹은 그의 집의 담장색을 초록색으로 할 것이다.

14. memperpanas 춥기 때문에 광수는 그의 방의 온도를 따뜻하게 했다.

15. mempererat 이 축구 경기는 두 나라의 관계를 더 친밀하게 할 목적이다.

16. memperoleh 이 경기에서 우리 축구선구들은 승리를 얻는데에 성공했다.

17. memperolok 네 동생을 놀리지 마라!

18. mempercantik 더 예쁘게 하기 위해서, 이따는 그 선물에 리본을 더했다.

19. memperpadat 출생률의 빠른 성장은 그 마을의 인구를 증가시켰다.

20. memperingan 이 연고는 네 상처의 통증을 완화할 것이다.

Latihan halaman 243

B. 괄호안 단어를 접사 'memper-kan'과 붙이시오!

1. memperhatikan 원수는 항상 우리의 움직임을 보고 있기 때문에 부주의해서는 안 된다.

2. mempertimbangkan 그 문제를 결정하기 이전에 까르띠니는 손실을 심사숙고 해야만 한다.

3. mempertaruhkan 구조대는 그 재앙의 희생을 찾기 위해 목숨을 다했다.

4. memperkenalkan 그는 나에게 한 숙녀를 소개시킬 거라고 약속했다.

5. mempertahankan 이 모든 것을 캠퍼스에서 자신의 명예를 지키기 위해 수디르만이 한 것이다.

6. mempersoalkan 우리는 더 이상 그 다툼을 문제화 하고 싶지 않다.

7. mempersembahkan 그날 밤 축제에서, 학생들은 우리 교수님을 위해 듣기 좋은 노래를 불러 드렸다.

8. mempersatukan 아궁은 싸우고 있는 두 연인을 다시 화해시켰다.

9. memperlihatkan 그 오후에 리사는 우리에게 그녀의 작년 여행 사진을 보여주었다.

10. memperdengarkan 그 유명한 가수는 청아한 목소리를 들려주었다.

11. mempersiapkan 그 가수는 자신의 첫 앨범을 준비하고 있다.

12. mempertuhankan 돈을 신격화한 결과, 이따는 불행해졌다.

13. memperebutkan	마을 사람들은 소 3 마리가 상품인 경기를 위해 경쟁하였다.
14. memperhatikan	젊더라도 우리는 항상 건강에 대해 주의를 기울여야 한다.
15. mempertontonkan	올해의 기술 박람회에서 공학과 학생들은 그들의 로봇디자인을 보여주었다.
16. memperlihatkan	조사 결과, 응답자들이 예술관 건축에 동의하지 않는 것으로 나타났다.
17. memperhitungkan	그 예술관 건축은 주변 환경을 고려하는 것에 소홀히 한 것으로 판단되었다.
18. mempertanyakan	많은 엄마들이 이 학교의 질에 대해 의문을 제기하고 있다.
19. mempertemukan	물건 가격을 내리기 위한 노력으로, 정부는 판매자와 소비자를 직접 이어주고 있다.
20. memperjuangkan	모든 마을의 이장은 어려운 농부들의 처지를 (돕기) 위해 투쟁했다.
21. mempertaruhkan	아무리 삶이 어려워도 가족의 명예를 담보 하지 마세요.
22. memperistrikan	데위 라라스를 아내로 얻기 위해서, 끈짜나 왕자는 3 일 동안 감금될 준비가 되어 있다.
23. mempersuamikan	그러나 데위 라라스는 못생긴 끈짜나 왕자와 결혼하고 싶지 않았다.
24. mempertunangkan	3 일이 지난 후에, 왕은 끈짜나 왕자와 한 약속을 이행하기 위해 어쩔 수 없이 공주를 약혼시켜야했다.
25. memperlakukan	비록 사랑받지 못하지만, 왕자는 데위 라라스를 부드럽게 대우했다.
26. mempertuankan	감사의 뜻으로 그는 왕을 평생 주인으로 모셨다.
27. memperanakkan	1 년 후에 그들은 아디와 알리 왕자를 낳았다.
28. mempercayakan	왕은 서거 하기 전에 그의 왕국 전부를 끈짜나 왕자에게 위임했다.
29. memperhambakan	그는 그 전쟁에서 패배한 사람들을 노예로 만들었다.
30. memperdayakan	그는 항상 적들을 속이는 데에 성공했다.

Latihan halaman 245C

C. 괄호안 단어를 접사 'memper-i'와 붙이시오!

1. memperingati	8 월 17 일마다 우리는 인도네시아 독립일을 기념한다.
2. memperingati	부모님께 다시는 대들지 말라고 그 아이에게 주의를 주었니?
3. memperbarui	대학생을 위한 안내 책자는 지금의 시류와 맞지 않다고 생각합니다. 다음 해에 교육부에서 이 책을 재개정할 거라고 들었습니다.
4. memperbarui	매년 조사단은 그들의 보고서를 새로 수정한다.
5. memperbaiki	아버지께서는 차를 고치시려고 시도를 해보셨지만, 아무래도 정비소에 맡겨야 될 듯싶다.

6. mempelajari 아유와 그의 친구들은 정치 체제를 배우고 있다.

7. mempelajari 동생은 액체가 어떻게 고체로 변하는 지에 대해 공부하고 있다.

8. mempersenjatai 선생님은 시험을 치르기 위해 학생들을 새로운 공식으로 준비시켰다.

9. mempersenjatai 그 당시 전투에서 지도자는 민중을 날카로운 대나무로 무장시켰다.

10. memperlengkapi 그들은 어학실력을 갖출 필요가 있다.

Latihan halaman 245D

D. 아래 단어에 접두사 'memper-'을 붙이고 작문해 보시오!

1. memperistri Lelaki itu memperistri gadis cantik berumur 20 tahun.
2. mempersuami Gadis itu ingin mempersuami lelaki itu.
3. memperbudak Akhirnya gadis itu memperbudak suaminya.
4. memperhamba Tetapi lelaki itu suka istrinya memperhamba dirinya.
5. mempertuan Seumur hidup dia mempertuan istrinya.
6. mempermerah Wati mempermerah bibirnya dengan lipstik untuk bertemu dengan pacarnya.
7. memperpanjang Waktu rapat, Pak Direktur memperpanjang pidatonya.
8. memperkeras Karena karyawan mengantuk, Pak Direktur memperkeras suaranya.
9. memperbanyak Pak direktur memperbanyak omelan kepada karyawannya.
10. memperlemah Tetapi pidato panjang Pak Direktur memperlemah semangat para karyawan.

Latihan halaman 246E

E. 단어에 접사 'memper-kan'을 붙이고 작문해 보시오!

1. memperistrikan

Ayah jahat itu memperistrikan anak perempuannya pada penipu itu untuk melunasi utangnya.

2. mempermainkan

Dia suka mempermainkan orang lain.

3. mempersilakan

Adik mempersilakan teman ayah masuk ke dalam.

4. mempersiapkan

Kakak mempersiapkan perjalanan wisata keluarga kami dengan rapi.

5. mempermasalahkan

Orang itu terkenal sebagai orang yang suka mempermasalahkan hal kecil.

Latihan halaman 246F

F. 단어에 접사 'memper-i'를 붙이고 작문해 보시오!

1. memperbaiki Ayah sedang memperbaiki sepeda adik yang rusak.
2. memperbarui Ibu memperbarui selimut di kamar.
3. mempersenjatai Presiden baru mempersenjatai rakyat dengan pengetahuan luas.
4. memperingati Hari ini adalah hari untuk memperingati para pahlawan yang berkorban untuk negara ini.
5. mempelajari Mahasiswa mempelajari ekonomi.

Latihan halaman 249

A. 접두사 'ter-'을 붙이시오!

1. tercium 고개를 돌렸을 때 린다는 그 청년과 입술이 닿게 되었다.
2. terjadi 그 사건은 우리 학교 매점에서 벌어졌다.
3. terdengar 우리 모두 그 소식이 짠드라에 의해 들려지지 않기 위해 조심했다.
4. terjatuh 어제 아궁은 애인을 쫓아 뛰어갈 때 넘어질 뻔 했었다.
5. terdiam 이라는 그 질문을 대답하기 전 순간 말문이 막혔다(조용해졌다).
6. terapung 그 어부의 배들은 바다에서 표류하는 상태로 발견 되었다.
7. terminum 어머니는 간장을 코카콜라 병에 보관 했다. 헌데 오늘 그 간장을 루스디가 마셔버렸다.

8. tersedak. 그 간장 한 모금이 루시를 사래 들리게 했다.

9. terpercaya 당신은 이 도시에서 믿을만한 은행을 추천해 주실 수 있습니까?

10. terdengar 그날 밤 해변에서의 폭죽 소리는 자야씨의 방으로 까지도 들려졌다.

11. terpikir 왜 그 일이 나에게 전혀 생각되지 못 했을까?

12. tersentuh 그 젊은이의 마음이 르스따리에 친절함에 감동을 받았다.

13. terjerat 술 마시고 도박하는 취미 때문에 그가 빚더미에 꾀인 것은 이상한 일도 아니다.

14. terpilih 아흐마드는 올해 학생회장 후보로 뽑혔다.

15. tertanam 봄이 되면서 우리는 시냇거리에 가지런히 심겨진 각색의 꽃을 보았다.

16. terpelihara 에비타의 모든 식물들은 잘 키워졌다.

17. terlatih 우리 나라 군사들은 최첨단 무기를 사용하는 것에 매우 숙달되어 있다.

18. terpojok 그 아까시의 질문들에 아궁은 궁지에 몰렸다.

19. tertambat 그날 이후로 철수는 그의 마음이 그 아가씨에게 끌린 것을 알게 되었다.

20. terpakai 이 많은 돈을 어떻게 하루 만에 다 소비할 수 있겠느냐?

21. tergenang 뎅기열을 예방하기 위해 살림은 물이 고여 있는 집 앞의 길을 청소했다.

22. tertatih 다르마의 동생이 책이 들어있는 상자를 옮기려고 뒤뚱(아장)거리며 걸었다.

23. tersedu-sedu 쩨쩹과 윈다는 애인과 헤어져서 흐느껴 울고 있는 친구를 위로하기 위해 노력했다.

24. terpukul 서로 싸우는 두 사람을 말리려고 하는 찰나 길동의 얼굴이 맞았다.

25. tergigit 린다는 그 질긴 닭고기를 베어 물지(씹지) 못했다.

26. terkejar 오늘 살림이 서울행 버스를 잡는 것은 불가능하다.

27. terlihat 그 귀여운 신입생을 그 청년의 눈에 들어왔다.

28. ternyata 알고 보니 그 귀여운 대학생은 에펜디의 동생이었다.

29. terpukau 모든 사람들이 우리 과회장의 출중한 외모에 매우 놀랐다.

30. tertidur 수빠르띠는 애인이 잠들 때까지 전화로 계속 말했다.

Latihan halaman 251

B. 접두사 'ter-'을 붙이고 작문해 보시오!

1. tertanam	Di ladang nenek tertanam jagung.
2. terjepit	Pakaian Linda terjepit di pintu mobil.
3. terbuka	Acara ini terbuka untuk tua muda pria wanita.
4. terlantar	Sekolah itu sudah lama terlantar.
5. terhibur	Ibu terhibur membaca surat yang saya kirim.
6. terhirup	Wangi parfumnya terhirup oleh Salim.
7. terminum	Cairan aneh di dalam botol itu terminum oleh Rusdi.
8.. terinjak	Karena lampu tiba-tiba mati kaki saya terinjak pria tak dikenal.
9. tercium	Bau kelicikannya akhirnya tercium oleh polisi.
10. terlihat	Juno yang belajar di perpustakaan terlihat oleh Linda.
11. tertangkap	Bola bisbol yang dipukul oleh pemain itu tertangkap oleh Juno.
12. terjawab	Karena terlalu sulit ujian itu tidak terjawab oleh mahasiswa.
13. terdorong	Kotak berat itupun terdorong oleh Ali.
14. terbaca	Tulisan kecil itu baru terbaca oleh nenek setelah memakai kacamata.
15. tersambung	Saya menelepon ke rumah Linda tetapi tersambung ke rumah Juno.
16. termurah	Karena tidak ada uang, mahasiswa yang berwisata makan makanan termurah.
17. tersayang	Ibuku tersayang, anak ibu baik-baik saja di sini.
18. tertinggi	Ali berkelahi dengan anak tertinggi di sekolah kemarin.
19. tersulit	Soal ini adalah yang tersulit dalam ujian kali ini.
20. tersabar	Guru kami adalah guru tersabar yang pernah saya lihat.
21. terdiri	Indonesia terdiri dari kira-kira 17.000 buah pulau.
22. tertentu	Hanya orang tertentu diundang dalam makan malam itu.
23. terjadi	Peristiwa itu terjadi 50 tahun yang lalu.
24, terpekur	Linda terpekur melihat alam yang indah.
25. terbata-bata	Linda terbata-bata karena terlalu suka pada Juno.

Latihan halaman 257

A. "ber-an" 또는 "ber-kan" 복합접사와 붙이시오!

1. berdasarkan 당신은 (알리의) 아내의 신고만으로 알리를 체포 할 수는 없습니다
2. berasaskan 인도네시아는 5대원칙을 기반으로 한다.
3. bertepatan 회의가 시작한 그 때에 데니가 사무실에 왔다.
4. bergantian 엄마가 입원했을 때 우리 셋은 번갈아 가며 돌보았다.
5. bertabrakan 두 대의 차가 매우 세게 충돌했다.
6. berjabatan; berkenalan 우리는 보통 서로 인사할 때 악수를 한다.
7. berdekatan 주노의 집과 소라의 집은 서로 가깝다.
8. bermandikan 꾸따 해변은 노울에 젖어 매우 아름답다.
9. berdekatan 그 사람과 서로 가까이 앉지 마세요.
10. beribukan 와띠의 어머니는 유명한 교수이다. / 와띠는 유명한 교수를 어머니로 삼았다.
11. berhiaskan 결혼했을 때 루시는 금 구슬과 실로 장식 된 드레스를 입었다.
12. bersentuhan 고대에는 남녀가 함께 닿아서 앉을 수 없었다.
13. berlebihan 저 허풍쟁이는 항상 과장해서 말한다.
14. beristrikan 저 사업가는 젊은 여자를 아내로 삼았다.
15. berhadapan 저 예쁜 여대생은 시몬과 서로 마주 앉았다.
16. berjatuhan 할머니의 장바구니에서 과일이 마구 떨어졌다.
17. berumahkan 저 아가씨는 궁전 같은집을 갖고 있는 남자와 결혼했다.
    저 아가씨는 궁궐을 집으로 삼은 남자와 결혼했다.
18. berpamitan 우리는 친구들과 서로 작별인사를 나누었다.
19. bergandengan저 어린 아이들은 서로 손을 맞잡고 걸어간다.
20. berpelukan 저 엄마와 아이는 서로 꽉 안아주며 울었다.

Latihan halaman 258

B. 아래 괄호안 단어를 접사 'ber-an', 'ber-R', 'ber-R-an', 또는 'berkan'과 붙이시오!

1. berlari-lari 우리는 그 버스를 쫓아 달려갔다.
2. berlarian 그 병아리들은 고양이를 보고 이리 저리 달아났다.
3. berganti-ganti 알리의 아내는 옷을 갈아입는 것을 좋아한다.
4. bergantian 그들은 할머니에게 번갈아 통화했다.
5. berjalan-jalan 우리는 다음주에 싱가포르로 여행을 갈 것이다.
6. berfoya-foya. 그 말썽쟁이는 돈을 낭비하는 것을 좋아한다.
7. berbaikan 너 친구와 화해했니?
8. bermusuhan 그 두 나라는 지금까지 싸우는 중이다.
9. bertaburan 날씨가 좋을 때, 하늘은 별로 가득하다. (별이 여기 저기 흩어져있다)
10. bertaburan 포장이 손상되어 설탕이 바닥에 쏟아졌다.
11. berselimut 매일 아침 반둥 시는 안개로 뒤덮였다.
12. bersuit 그 젊은이들은 그 여자를 휘파람을 불으며 놀렸다.
13. bermalas-malasan 보통 주말에 나는 집에서 빈둥거린다.
14. beralaskan 그 거지는 신문을 깔개로 삼아 잔다.
15. berenang-renang 그 새끼 오리들은 호수에서 헤엄쳤다.
16. berbinar-binar 그는 아름다운 여인과 만났을 때 눈이 빛났다.
17. bersenang-senang 이번 휴가 때 우리 가족은 발리에서 즐거운 시간을 보낼 것이다.
18. beterbangan 많은 나비들이 우리 화원에서 이리저리 날아다녔다.
19. berkibaran / berkibar-kibar 그 깃발은 강한 바람에 날려 펄럭였다.
20. bersahut-sahutan / bersahutan 그들은 서로 주고받으며 노래했다.